CONOZCA LOS LIBROS DE LA BIBLIA

INTRODUCCIONES A LOS 66 LIBROS DE LA BIBLIA

Tyndale House Publishers
Carol Stream, Illinois, EE. UU.

Visite Tyndale en Internet: TyndaleEspanol.com y BibliaNTV.com.

Tyndale y el logotipo de la pluma son marcas registradas de Tyndale House Ministries.

Conozca los libros de la Biblia: Introducciones a los 66 libros de la Biblia

© 2023 por Tyndale House Ministries.

Introducciones adaptadas de *NLT Study Bible* por Tyndale House Publishers, Inc. con ISBN 978-1-4964-1665-0.

Ilustración del patrón geométrico en la portada © nadiinko/Adobe Stock. Todos los derechos reservados.

Fotografía del rollo en la portada © rustneversleeps/Adobe Stock. Todos los derechos reservados.

Diseño: Alberto C. Navata Jr.

Las citas bíblicas sin otra indicación han sido tomadas de la *Santa Biblia*, Nueva Traducción Viviente, © 2010 Tyndale House Foundation. Usada con permiso de Tyndale House Publishers, 351 Executive Dr., Carol Stream, IL 60188, Estados Unidos de América. Todos los derechos reservados.

Para información acerca de descuentos especiales para compras al por mayor, por favor contacte a Tyndale House Publishers a través de espanol@tyndale.com.

ISBN 978-1-4964-6173-5

Impreso en Estados Unidos de América
Printed in the United States of America

29   28   27   26   25   24   23
7   6   5   4   3   2   1

Contenido

El libro de Génesis

Génesis muestra cómo todo encaja y sigue la obra de Dios para vencer con bendición la maldición por el pecado. Relata la creación «en el principio», aprobada y bendecida por Dios (Génesis 1:1–2:3). Considera la creación de la vida humana, el pecado de Adán y Eva, la maldición y su extensión (2:4–4:26). Se desarrolla una civilización orgullosa, y la humanidad se va en picada (5:1–6:8).

En la genealogía, se recuerda que Dios hizo a los seres humanos a su imagen y los bendijo (5:1-2). Con la muerte de cada generación, se recuerda la maldición, y Dios lamenta haber creado a los humanos, así que decide juzgar la tierra (6:1-8). Pero Noé recibe el favor de Dios y provee esperanza (5:29; 6:8).

El juicio viene a través del diluvio y se describe la bendición en un nuevo comienzo (6:9–9:29). La creación ha sido renovada y depurada del mal abominable en la humanidad. Pero al aumentar y extenderse la humanidad, de nuevo es desobediente, y Dios la dispersa para evitar mayor maldad (10:1–11:1-9).

Entonces Dios se presenta a Abram, bendiciéndolo a él y a sus descendientes para bendecir al mundo (11:27–50:26). Hace un pacto con él y le promete una gran nación, tierra y nombre (11:27–25:11). A su tiempo, Dios aclara los términos del pacto, y la fe de Abram se profundiza.

En la sección final, Génesis registra cómo la familia de Jacob acaba en Egipto y no en Canaán. Pero Dios sigue desarrollando su plan, y el libro concluye con la promesa de que rescatará a su pueblo de Egipto (50:24-26).

CONTEXTO

Génesis se escribió cuando los israelitas habían sido liberados de cuatrocientos años de esclavitud en Egipto. Habían adoptado ideas y costumbres paganas de sus amos, y habían sido influenciados por conceptos falsos de Dios, del mundo y de la naturaleza humana (ver Éxodo 32:1-4). Quizás habían olvidado las promesas de Dios, o quizás pensaban que no se cumplirían. En el monte Sinaí, Dios estableció su relación de pacto con ellos y les dio su ley por medio de Moisés. Tenían que entender mejor la naturaleza de Dios, su mundo, y su lugar en él. Tenían que adoptar su identidad como descendientes de Abraham, Isaac y Jacob.

AUTORÍA

No se identifica al autor de manera explícita. Muchos eruditos han discutido que el Pentateuco (Génesis—Deuteronomio) es producto de una evolución literaria compleja. La *Hipótesis documentaria* presenta al Pentateuco como una compilación de cuatro fuentes: J («Yahvista», de «Yahveh», *Jahweh* en alemán), E («Elohísta», de «Elohim»), D («Deuteronomista», de Deuteronomio) y P («Sacerdotal», *Priestly* en inglés). Se cree que fueron escritas y compiladas entre el 850 a. C. y el 445 a. C., y fueron combinadas y editadas poco a poco hasta el tiempo de Esdras (alrededor del 400 a. C.).

Pero tanto las Escrituras como la tradición le atribuyen el Pentateuco a Moisés, quien tuvo comunión especial con Dios, educación en toda la sabiduría de los egipcios y las habilidades literarias necesarias (Hechos 7:22). Aunque Moisés haya sido la fuente fundamental y los ajustes editoriales se hayan hecho después (como el registro de su muerte en Deuteronomio 34), los israelitas aceptaron que el Pentateuco tenía la fuerza de la autoridad de Moisés.

CARÁCTER LITERARIO

Se sugiere que Génesis incluye varios tipos de literatura. La literatura mitológica explica los orígenes de todo de manera simbólica por medio de las obras de dioses y criaturas sobrenaturales. Los mitos eran creencias que explicaban la vida y la realidad. Pero sería difícil clasificar a Génesis como solo un mito más. Israel tenía un solo Dios. Tenía un comienzo, una historia y una esperanza en las promesas de Dios. Su adoración se basaba en el rescate de Egipto y la intervención de Dios. Los elementos de lenguaje mitológico en Génesis exhiben un contraste intencionado con los conceptos paganos para mostrar que Dios es soberano sobre tales ideas.

Eruditos han descrito las narraciones como etiologías, historias inventadas que explican las causas de la realidad pero no describen acontecimientos históricos. El relato en el capítulo 2, por ejemplo, termina: «Esto explica por qué el hombre deja a su padre y a su madre». Explica por qué el matrimonio se hizo como se hizo, pero decir que una historia explica algo no significa que se inventó para explicarlo.

Muchos eruditos no consideran a Génesis historia porque presenta a Dios como el autor de los acontecimientos y, en las filosofías modernas, lo sobrenatural prueba que el material es una reflexión teológica sin valor histórico. Los acontecimientos, además, no pueden validarse con fuentes externas. Pero los israelitas no desconfiaban de los acontecimientos sobrenaturales; reconocían que Dios actuaba entre ellos para cumplir sus promesas. Y aunque no se ha encontrado evidencia de los patriarcas o de los acontecimientos de Génesis, la arqueología confirma que la situación histórica de la era (Bronce Medio I, 2000–1800 a. C.) corresponde de cerca con lo que Génesis presenta.

Aun así, Génesis no tiene el propósito de ser una crónica de la vida de los patriarcas, una historia sin razón o una biografía completa. Es una interpretación teológica de registros selectos, pero eso no daña su historicidad. Las interpretaciones de un acontecimiento pueden diferir, pero el que existan es un buen testimonio. El que el autor contara los acontecimientos a su manera y con ciertos énfasis teológicos no quiere decir que las historias hayan sido inventadas.

Y como Génesis es el primer libro del Pentateuco (la «Torá» o Ley), se puede clasificar como «Literatura de la Torá» (en hebreo *tora*, «instrucción, ley») o literatura de instrucción. Incluye la interpretación teológica de las tradiciones históricas detrás del pacto en Sinaí. Prepara a los lectores para recibir la ley de Dios y para conectarse a sus promesas. La teología, historia y tradición se unen para instruir al pueblo de Dios y para prepararlo para la bendición.

SIGNIFICADO Y MENSAJE

Génesis responde las preguntas más importantes de Israel. Establece la revelación inicial de la soberanía de Dios y la fundación de la teocracia, el gobierno total de Dios que debía establecerse por medio de su pueblo. Se explican como acción divina providencial la vida y la muerte, el poseer Canaán y cómo Israel acabó en Egipto. El plan divino se inició con la creación y terminará cuando las promesas se hayan cumplido.

El mensaje gira en torno a la bendición y la maldición. La bendición prometida les daría a los patriarcas innumerables descendientes y, a estos, la tierra de la promesa; les daría fama, les permitiría florecer y prosperar, y los designaría para llevarles a otros las bendiciones del pacto. La maldición aislaría, privaría y desheredaría al pueblo. Sus efectos son la muerte, el dolor y el juicio de Dios. Dios bendice lo que es bueno (lo que produce, realza, conserva y armoniza con la vida) y maldice lo que es malo (lo que ocasiona dolor, aleja de lo que es bueno e impide o destruye la vida). Se sigue el rumbo de la batalla perpetua entre el bien y el mal que caracteriza a nuestra raza humana caída.

El libro de Éxodo

Al comienzo de Éxodo, está en duda la validez de las promesas de Dios para Abraham. Sus muchos descendientes son esclavos en Egipto, el faraón está resuelto a mantenerlos subyugados, y no han poseído la Tierra Prometida más allá de un sepulcro (ver Génesis 23). Éxodo 1–15 considera su «salida» de Egipto. (*Éxodo* se deriva del griego *exodos*, «salida»). El resto del libro revela que necesitan más que un rescate de la esclavitud. Según Éxodo 16–40, necesitan una salida de su pecado y cómo entrar en comunión con Dios. El libro entero considera las grandes necesidades de Israel: ser liberados de la esclavitud; conocer quién y cómo es Dios por medio del pacto de Sinaí; y experimentar la comunión con él por medio del tabernáculo.

CONTEXTO

Las fechas del éxodo o los patriarcas no se pueden determinar con absoluta certeza ya que los autores bíblicos no se propusieron proveer un registro cronológico completo. Lo que sí tenemos es una correlación excelente entre los registros históricos de Israel y los de las culturas vecinas, y sabemos que el éxodo ocurrió entre el 1450 y el 1250 a. C.

Para el éxodo, Dios no hizo que su pueblo se escabullera durante un tiempo de debilidad egipcia; él los sacó cuando la fortaleza de Egipto estaba en su apogeo. Era casi indiscutiblemente la potencia militar y cultural del mundo. Durante su 18.ª dinastía (1550–1295 a. C.), los faraones construyeron un imperio más allá de las fronteras del país. Conforme la casa del faraón crecía en poder, su dios (Amón-Ra) adquiría predominio. El país permaneció firmemente politeísta, pero parece ser que la adoración a Amón-Ra superó la devoción a los demás dioses.

AUTORÍA

Aunque muchos eruditos lo cuestionan, se considera que Moisés es el autor del Pentateuco (ver El libro de Génesis).

SIGNIFICADO Y MENSAJE

¿Cómo podrá un grupo de esclavos heredar la Tierra Prometida y ser de bendición para el mundo? ¿En verdad se interesa Dios por los israelitas? ¿Siquiera sabe lo que están pasando? ¿Fueron en serio sus promesas? ¿Puede cumplirlas? ¿Quiere hacerlo?

Éxodo responde a estas preguntas y nos llevá por el tiempo para comprender quién es Dios. Él conoce nuestra situación, y nos valora. Está en una categoría del todo distinta a la de «todos los demás dioses» (18:11). Es revelado como el ser más grande en existencia, superior a los reyes humanos (quienes se consideran dioses) y a las fuerzas de la naturaleza (3:5-6, 14-15; 6:3). Es el único Dios verdadero.

El pueblo de Israel había pasado unos cuatrocientos años absorbiendo las creencias paganas de Egipto. Ahora tendría que desaprenderlas. No hay muchos dioses; hay uno. Dios no es el mismo que el mundo natural que los rodea; él se distingue del mundo que creó. Dios no puede ser manipulado por la magia. La existencia no se define por una batalla eterna entre las fuerzas positivas y negativas. Dios es santo, es absolutamente otro, es profundamente ético en todas sus relaciones, es apasionadamente leal a sus criaturas y desea hacer el bien por ellas (34:5-6).

Dios usó un pacto para enseñarle a su pueblo quién es él y cómo debe ser su relación con él (Éxodo 19–23). El pacto nos enseña la naturaleza ética de Dios. En el mundo antiguo, la ética y la religión no estaban muy relacionadas. En contraste, la mayoría de los requisitos del pacto de Dios tienen que ver con cómo las personas se tratan entre sí (ver 20:3-17). Quienes están en una relación de pacto con Dios deben tratarse unos a otros de manera ética.

Dios rescata a su pueblo y lo llama a una vida de santidad para que pueda tener una relación viva y personal con él. Los capítulos del tabernáculo no son un complemento; son de lo que se trata el éxodo (25–40). Sí, Dios cumpliría su promesa de llevar al pueblo a la Tierra Prometida, pero su meta era que vivieran en su presencia sin que su santidad los destruyera, y eso es lo que pasó (40:34-38). La salvación no es solo el perdón de pecados. La meta que Dios tiene para nosotros es que, al haber sido rescatados de la esclavitud del pecado, podamos vivir a diario en la gloria de su presencia y que manifestemos su carácter santo.

El libro de Levítico

Las reglas de Levítico tienen mucho que ver con las actividades y responsabilidades de la tribu sacerdotal de Leví, en especial del sumo sacerdote (ver Éxodo 28; Números 3:44–4:49). Son evidentes tres asuntos principales: la santidad de Dios, lo que es apropiado en la adoración de un Dios santo y cómo Israel debe ser santo en relación con Dios.

Una relación apropiada con Dios comienza con saber quién es Dios y con entender su naturaleza. Pero la mente humana finita no puede comprender del todo al Dios eterno y, siguiendo nuestra propia intuición, adoramos ídolos. En Levítico, Dios en su misericordia revela su santidad de maneras tangibles, e instruye cómo adorarlo. Cada sacrificio y día santo enseña acerca de Dios y lo que él requiere.

Dios llama a Israel a conocerlo y a amarlo (ver Deuteronomio 6:5; 11:1). Como resultado, ellos se amarían y se servirían unos a otros (19:18, 33-34). Los rituales y las reglas les enseñan a integrar el amor y el servicio a sus vidas como personas y como nación.

CONTEXTO

Dios ha establecido su pacto con Israel y ha declarado que son su tesoro especial, sacerdocio real y pueblo escogido (Éxodo 19:5-6). Han recibido los diez mandamientos, los planos del tabernáculo y la institución del sacerdocio (20:1-17; 25–27; 30:1-38; 28–29). El tabernáculo se ha completado y ha sido dedicado (35–40). Ahora, Dios le habla a Moisés de su propia naturaleza santa, y le da instrucciones en cuanto a la adoración y conducta apropiada para Israel como su pueblo del pacto.

AUTORÍA

Algunos eruditos creen que Levítico se escribió durante el destierro en Babilonia (c. 586–539 a. C.), mucho después de Moisés. Sin embargo, eso no explica por qué el judaísmo entonces —cada vez más orientado alrededor del rabino y la sinagoga— estaría interesado en el sacerdocio y el tabernáculo. Tampoco explica la adoración israelita antes del destierro (aparte de la liturgia en los Salmos).

Tanto la tradición judía como la iglesia cristiana primitiva identificaron a Moisés como el autor de Levítico. Es probable que lo haya escrito en el desierto después del éxodo. El libro comienza y termina con declaraciones que afirman que Dios le dio el contenido a Israel por medio de Moisés, y describe cómo Moisés recibió las instrucciones de Dios y las cumplió (1:1-2; 4:1; 5:14; 6:1, 8, 19, 24; 7:22, 28; 8:1, 4–10:20; 27:34). El Antiguo y el Nuevo Testamento a menudo se refieren a Moisés como el autor del Pentateuco (ver Josué 8:31-32; 23:6; 1 Reyes 2:3; 2 Reyes 14:6; 23:25; 2 Crónicas 23:18; 30:16; Esdras 3:2; 7:6; Nehemías 8:1; Daniel 9:11-13; Mateo 19:7-8; Lucas 2:22; 24:44; Juan 7:19, 23; Romanos 10:5; 1 Corintios 9:9; Hebreos 10:28. Ver también la Introducción al libro de Génesis, «Autoría»).

SIGNIFICADO Y MENSAJE

Levítico comunica un mensaje eterno y vibrante: Dios es santo y espera que su pueblo, a quien él ha rescatado, sea santo como él. La santidad de Dios y su redención misericordiosa proveen tanto la base como la motivación para la santidad (Levítico 11:44-45).

Los sacerdotes estaban entre Dios y el pueblo como mediadores del pacto. Interpretaban lo que era santo y cómo se debía expresar la santidad. Los sacrificios de expiación proporcionaban la forma de perdonar pecados y restaurar la relación con Dios. Los demás sacrificios celebraban la relación del pueblo con Dios por medio de regalos y comidas compartidas. Naciones vecinas ofrecían sacrificios a sus dioses para apaciguarlos y ganarse su favor, pero la adoración de Israel no buscaba manipular a Dios. Más bien, preparaba y purificaba al pueblo para que pudiera acercarse a Dios. Cada ley, ceremonia y día santo enseña que Dios es santo y que él espera que su pueblo sea santo (11:44-45; 19:2; ver 1 Corintios 3:17; 1 Pedro 1:15).

El perdón del pecado y la reconciliación con Dios tienen una relación directa con cómo las personas se tratan entre sí. Levítico se centra en la justicia social y establece obligaciones hacia el prójimo, los pobres y los extranjeros. Dios espera que aquellos en pacto con él se amen unos a otros como expresión de su amor (cp. Mateo 22:39; Marcos 12:31; Lucas 10:27; Romanos 13:9; Gálatas 5:14; Santiago 2:8).

El libro de Números

Números se divide en las tres etapas del viaje en el desierto: los 19 días de preparación para salir del monte Sinaí, los 39 años hacia las llanuras de Moab y los meses finales acampando antes de entrar a Canaán (1:1–10:10; 10:11–22:1; 21:1–36:13).

Al principio y al final del libro, se incluyen registros de hombres de edad militar (1–4; 26). El primer censo calculó a la generación rebelde que salió de Egipto, recibió la ley y murió en el desierto (11; 12; 13:30; 14; 16–17; 20; 25). El segundo calculó a la generación que entró a la Tierra Prometida. Estos muestran que la segunda generación reemplazó por completo a la primera (a excepción de Josué y Caleb).

CONTEXTO

Números instruyó a la nueva generación a obedecer a Dios. Se escribió para que quienes aprendieran de la historia no tuvieran que repetir los errores del pasado.

AUTORÍA

Aunque muchos eruditos lo cuestionan, se considera que Moisés es el autor del Pentateuco (ver El libro de Génesis).

CARÁCTER LITERARIO

«Números» se deriva de su interés en las estadísticas (ver 1–4; 26). En la Biblia hebrea, se le conocía como *bemidbar* («en el desierto»), la cuarta palabra de Números 1:1 en el texto hebreo.

Números incluye géneros literarios comunes: narrativa, poesía y ley (ver 4–6; 10:11–14:45; 23–24). También hay listados de hechos y cantidades: cómputos de registro, ofrendas e itinerarios de viajes (ver 1–4; 7; 33).

SIGNIFICADO Y MENSAJE

Números resalta la lucha de Israel con Dios. Dios los llama a seguir la ley, y desobedecen. Aunque pueden contar con la provisión de Dios, a menudo la reciben con falta de fe.

Toda comunidad de creyentes necesita un liderazgo firme, y Números advierte a quienes olvidan la naturaleza santa de Dios. Episodios específicos de Números se usan como poderosas lecciones para que los lectores aprendan de los errores del pasado (ver 1 Corintios 10:1-11; Hebreos 3:7–4:11; Judas 1:5).

El libro de Deuteronomio

Deuteronomio es el discurso de despedida de Moisés a las tribus de Israel. Incluye el preámbulo del pacto (1:1-5), un prólogo histórico (1:6–4:49), las estipulaciones del pacto (5:1–26:15), las bendiciones por obediencia y las maldiciones por desobediencia (26:16–29:1), la revisión del pacto y la elección entre la vida y la muerte (29:2–30:20), el depósito del texto del pacto (31:1-29) y los testigos del pacto (31:30–32:43). Es tanto un texto de pacto como un discurso de despedida comunicado en una serie de sermones.

CONTEXTO

Israel ha peregrinado cuarenta años en el desierto bajo la protección de Dios, y ahora está en las llanuras de Moab, al otro lado del río Jordán de Jericó, a punto de entrar a la Tierra Prometida. Pero enemigos poderosos y hostiles la habitan. Dios ha nombrado al joven Josué como reemplazo de Moisés, pero él no ha sido probado del todo. Aunque Dios ha sido fiel, el futuro parece incierto. Antes de que atraviesen el Jordán para conquistar las naciones cananeas y establecerse en su tierra, Dios renovará su pacto con ellos. Moisés, consciente de que morirá, le tiene que recordar al pueblo los términos del pacto, el cual fue apropiado para Israel rumbo a Canaán 38 años antes en Sinaí (Éxodo 19–24).

AUTORÍA

Aunque se considera que Moisés es el autor del Pentateuco (ver El libro de Génesis), eruditos críticos durante los últimos doscientos años han negado que él haya escrito Deuteronomio. Algunos lo identifican como el rollo que se encontró en el templo en la época del rey Josías, (c. 621 a. C.; ver 2 Reyes 22:8-20) y creen que Deuteronomio debería fecharse cerca de esa época. Algunos también atribuyen las adiciones editoriales a un tiempo tardío como el período posterior al destierro (del 538 a. C. en adelante).

Textos de tratados hititas —con orígenes a finales de la Edad de Bronce tardía (1500–1200 a. C.), alrededor de la época de Moisés— contienen similitudes con Deuteronomio que apoyan una autoría temprana. Aunque algunos eruditos comparan a Deuteronomio con textos de tratados asirios de los años 600 a. C. (más cerca de la época de Josías), los textos hititas son más similares a Deuteronomio en estructura y contenido.

CARÁCTER LITERARIO

El libro incluye narraciones, exhortaciones, advertencias, instrucciones y promesas de bendiciones o maldiciones en relación con la fidelidad de Israel. Como discurso de despedida, está arraigado en un entorno histórico y geográfico. Compuesto como el texto de un tratado, utiliza elementos comunes a pactos conocidos entre naciones del antiguo Cercano Oriente en el período del éxodo y la conquista. Algunos de los tratados eran entre iguales y otros entre soberano y vasallo, en los cuales el soberano, o «gran rey», hacía exigencias y promesas a los pueblos dominados, los vasallos, a cambio de su obediencia incondicional.

Deuteronomio es un tratado entre soberano y vasallo, entre Dios e Israel. Comunica los propósitos de Dios de una forma literaria y legal familiar, y enfatiza la seriedad de las promesas de Dios y la necesidad de que Israel obedezca los términos para que Dios pueda cumplir sus promesas de bendición en vez de juicio. Al revisar el pacto con esta generación, Moisés aseguró que esta entraría a la Tierra Prometida como el pueblo del pacto de Dios.

SIGNIFICADO Y MENSAJE

El pacto es el tema principal de Deuteronomio, y quizás de todo el Antiguo Testamento. Proveyó el medio para que el Señor se uniera a Israel. Declaraba que el Señor era el Dios de Israel, su pueblo, y que su relación cumpliría los propósitos redentores de Dios. Este privilegio también incluía una profunda responsabilidad. ¿Podría Israel conducirse de manera que garantizara el éxito de la misión? ¿Qué estándares de comportamiento le permitirían cumplir su llamado?

Israel era libre de aceptar o rechazar el pacto de Dios (Éxodo 19:7-8). Si aceptaban, la concesión de bendiciones o maldiciones dependía de si ellos obedecían o desobedecían (28:1-6, 15-19). Aun así, incluso la desobediencia podría superarse si la nación se arrepentía, volvía y era restaurada a una relación de pacto (30:1-10; ver también Levítico 26:40-45). Deuteronomio reiteró los términos y las condiciones del pacto: si Israel permanecía fiel en su papel como «reino de sacerdotes, [...] nación santa [de Dios]», canalizaría las bendiciones de Dios hacia todo el mundo (Éxodo 19:4-6).

El libro de Josué

Josué envía a dos jóvenes a explorar Jericó, ciudad que deben conquistar para entrar a la región montañosa. Una mujer, Rahab, los ayuda, y ellos prometen salvarla a ella y a su familia. Los israelitas atraviesan el Jordán, cuya corriente se ha detenido de manera milagrosa, y Dios hace caer los muros de Jericó para entregarle la ciudad a Israel. Un hombre llamado Acán desobedece las instrucciones de Dios, e Israel sufre un revés. Dios le da a Josué una victoria rotunda sobre la coalición de las ciudades-Estado cananeas del sur; el sol y la luna se detienen hasta que la victoria queda completa. Josué obtiene otra victoria decisiva en el norte sobre una coalición de ciudades-Estado ahí, y toda la región montañosa queda abierta para Israel.

Entonces comienza el relato de la repartición del territorio de Israel, y el libro concluye con la despedida de Josué, su convocación para que el pueblo renueve su pacto con Dios, y tres funerales prominentes.

CONTEXTO

La generación israelita incrédula ha muerto. La nueva generación ha creído las promesas de Dios, y está lista para invadir Canaán, tierra subdividida por características geográficas en cuatro franjas angostas de norte a sur. Gran parte del territorio está organizado en pequeñas ciudades-Estado, cada una con su propio rey, agrupadas en coaliciones muy cambiantes. Pero incluso estas coaliciones no serán suficientes para salvar a los cananeos.

AUTORÍA

El libro de Josué no afirma que Josué haya sido su autor, y la autoría humana sigue siendo anónima. Pero aunque la repetida frase «hasta el día de hoy» y la referencia a *El libro de Jaser* como fuente indican que fue escrito después de la muerte de Josué, la primera persona plural en algunas porciones sugiere que algo del libro se basa en recuerdos personales de Josué y de quienes estuvieron bajo sus órdenes.

CARÁCTER LITERARIO

En los últimos dos siglos, eruditos han tratado de desacreditar la validez histórica de Josué al decir que Transjordania (al oriente del Jordán), Jericó y Hai no estaban ocupadas cuando Israel entró a conquistar Canaán. Sin embargo, estudios arqueológicos muestran que Transjordania sí estaba ocupada y que Jericó sí fue destruida como lo describe Josué.

Según otros eruditos, relatos con propósito explicativo no pueden ser históricos.

Aunque hay relatos explicativos en textos antiguos que son míticos o falsos, muchos son exactos históricamente. Es probable que Josué haya sido escrito cerca de la época de los acontecimientos que describe. Aunque no responde toda pregunta histórica que se le pueda plantear, tiene todos los indicios de ser históricamente exacto. Mientras ha formado parte de las Escrituras, ha sido considerado historia confiable.

Junto con Jueces, Samuel y Reyes, Josué contrasta la autocomplaciente literatura épica, mítica y real producida por culturas vecinas. Estos libros bíblicos proporcionan una historia selectiva del antiguo Israel, y fueron escritos desde una perspectiva profética, la cual considera que Israel vive en una relación de pacto con Dios.

SIGNIFICADO Y MENSAJE

Josué enfatiza el cumplimiento de las promesas de pacto y la fidelidad de Dios a su promesa. Los patriarcas recorrieron la tierra como extranjeros, pero sus descendientes la han ocupado.

Josué muestra que Dios habla y actúa con integridad y que se puede confiar en que cumplirá sus promesas. Este mensaje se transmite de maneras tanto sutiles como obvias. Los exploradores fueron fieles con Rahab y su familia, reflejando y afirmando la fidelidad del Dios que los llevó a la casa de ella. Dios reconoce a quienes le son fieles de por vida, y lo demuestra entregándole a Caleb y a Josué su herencia. Josué también registra que Israel construyó monumentos conmemorativos de piedra por todo el país. Estos eran ayudas visuales para enseñarles a las generaciones de niños israelitas acerca de la fidelidad absoluta de Dios. Aunque los monumentos de piedra se derrumbaron o fueron llevados para otros usos, el libro de Josué permanece como un monumento duradero que da testimonio de la bondad y la fidelidad de Dios.

El libro de Josué también nos recuerda la seriedad mortal del pecado con acontecimientos perturbadores. Israel destruyó Jericó y Hai y a toda su gente. Muchos israelitas, incluso Acán y su familia, murieron debido al pecado de Acán. Dios peleó con las coaliciones cananeas que trataron de evitar que Israel se estableciera en la tierra.

En una cultura donde las mujeres y sus derechos se tenían en poca o ninguna consideración, Josué registra una perspectiva distinta. Rahab salva a los dos jóvenes, presentando una evaluación radicalmente positiva del lugar de la mujer en la economía de Dios. Las hijas de Zelofehad reciben la herencia de su padre, como Dios lo ordenó.

Con el libro de Josué, los lectores contemporáneos pueden reflexionar acerca de Dios mismo, de las consecuencias del bien y del mal, y del compromiso apasionado que Dios tiene con la redención humana y con restaurar la relación divino-humana.

El libro de Jueces

Jueces sigue una estructura A-B-A, y comienza con dos prólogos que resaltan la infidelidad de Israel y se introducen con la muerte de Josué. El primero recuerda los fracasos de tribus individuales en cumplir con el pacto de Dios (Jueces 1:1–2:5). El segundo presenta a aquellos que el Señor utilizó para mantener viva la llama de la conquista y la colonización en un tiempo caótico (2:6–3:6).

Sin embargo, Jueces no pudo rechazar el principio de liderazgo carismático personificado en los jueces. Su inspiración llegó por iniciativa de Dios y cumplió el propósito de guiar y salvar a Israel (ver 2:16-19). Las historias celebran el principio del liderazgo heroico, y dejan claro que el talón de Aquiles de la era no estaba en los líderes inspirados divinamente, sino en la pecaminosidad del corazón de las personas que, como se sugiere en el libro de Jueces, tenía que tratarse con una forma distinta de gobierno.

La historia avanza de Josué a los ancianos que le sobrevivieron a la tercera generación «que no conocía al Señor ni recordaba las cosas poderosas que él había hecho por Israel» (2:10). Entonces Dios levanta jueces para rescatar a Israel y llamarlo a la obediencia al pacto, cuya evidencia sería el ocupar la Tierra Prometida (2:16). Pero Jueces 3:1-6 nos adelanta que el esfuerzo fracasará, y entonces comienzan los «ciclos»: relatos largos de los seis jueces principales y relatos cortos de los seis jueces menores (3:7–16:31). Aquellos al inicio son más ideales, y aquellos hacia el final son cuestionables.

Esta época de héroes no pudo producir instituciones políticas estables para implementar el gobierno de Dios, y la marcha inexorable hacia el caos señala la necesidad de una sociedad más centralizada. Jueces culmina con dos epílogos que resaltan tanto el fracaso histórico y teológico de Israel bajo los jueces como el caos espiritual y social consiguiente (17–18; 19–21). Se dice que «en esos días, Israel no tenía rey», y se le agrega dos veces que «cada uno hacía lo que le parecía correcto según su propio criterio» (ver 17:6; 18:1; 19:1; 21:25).

CONTEXTO

Las campañas de los israelitas bajo Josué les proveyeron a los nómadas del desierto una tierra habitada y una sociedad no establecida pero sí *organizada*: la estructura tribal estaba determinada y las tierras fueron distribuidas con claridad. Unos cuantos santuarios centrales como Gilgal y Silo habían surgido, y líderes como los sacerdotes, los levitas y los ancianos tribales le habían dado a Israel un nivel de orden. El pueblo seguía recordando las tradiciones antiguas, pero algo aún faltaba.

AUTORÍA

No se sabe quién escribió o compiló Jueces. Los libros históricos (Josué—2 Reyes) son una narrativa conectada, y la tradición dice que diversas fuentes se combinaron en una narración teológica bajo la influencia de las escuelas proféticas de Israel.

Parece ser que el destierro a Babilonia sería la fecha final para la composición o compilación de este material (2 Reyes 25:27-30). Quizás Jueces recibió su forma final al mismo tiempo, pero hay poco en el libro en sí que señale más allá de la monarquía.

CARÁCTER LITERARIO

Historiadores y sociólogos han comparado el libro de Jueces con las épicas de Homero, las sagas de la antigua Islandia y con *El cantar de Roldán* francés, cada una de las cuales representa la «Época heroica» en la adolescencia de una civilización. En estas obras, hombres y mujeres poco convencionales hacen las cosas a su manera y exhiben un comportamiento en desacuerdo con las normas aceptadas, pero logran grandes cosas.

SIGNIFICADO Y MENSAJE

¿Qué clase de liderazgo requiere el trabajo de Dios, y dónde lo puede encontrar su pueblo? Jueces da una respuesta parcial.

Aunque Jueces celebra el liderazgo dotado e inspirado, también reconoce sus limitaciones. Dios levanta héroes y los llena de su Espíritu para rescatar a su pueblo. Los héroes de Jueces tienen defectos, pero Dios los usa. Un verdadero líder carismático es alguien que ha recibido un don (en griego, *járisma*) divino en preparación para la tarea. El libro de Jueces demuestra el compromiso inconfundible de Dios de levantar líderes poderosamente dotados, llenos del espíritu y apropiados para la ocasión. La práctica del liderazgo carismático, a pesar de sus limitaciones, nunca se hace a un lado en la narración bíblica. Pero el ideal de Dios está en la combinación del liderazgo inspirado y el «oficial» (con autoridad que no procede directamente de Dios, sino de un cargo o nombramiento). Lo que responde al clamor quejumbroso de Jueces no es el rechazo de los líderes carismáticos, sino la ampliación del pacto de Dios con un rey escogido, David (2 Samuel 7:1-29). Pero a final de cuentas, tanto los jueces como los reyes de Israel, con todas sus limitaciones, anticipan a Jesús, el rey carismático perfecto que combina en su persona las cualidades que cada uno de sus predecesores carecen.

El libro de Rut

Llega una hambruna a Belén, y un hombre llamado Elimelec se muda a Moab con su esposa, Noemí, y sus dos hijos, cuyas esposas son moabitas. Los hombres mueren, dejando a Noemí desamparada. Cuando se entera que la hambruna ha terminado, decide volver a Belén. Una de sus nueras, Rut, le declara lealtad. Llegan juntas a Belén al comienzo de la cosecha de primavera. Rut sale a espigar, comenzando en el campo de un hombre llamado Booz. Él les instruye a sus trabajadores que sean generosos con ella.

Al enterarse, Noemí envía a Rut a que se encuentre con Booz en privado por la noche. Rut le pide a él que sea el redentor de su familia, lo cual implica su matrimonio. Booz sabe que un familiar más cercano tiene el derecho primero, así que va a la puerta de la ciudad para arreglar el asunto. El otro hombre se niega y Booz se casa con Rut, quien da a luz un hijo, Obed.

Aunque Noemí se había sentido abandonada, Dios no la había abandonado. Tener un nieto le garantiza seguridad en su vejez, y Dios le ha restaurado mucho más de lo que ella hubiera soñado. Obed será el abuelo de David, el rey más grande de Israel.

CONTEXTO

La historia tuvo lugar c. 1100 a. C., el período de los jueces. A diferencia de Jueces, Rut muestra el lado pacífico y ordinario de la vida entonces. La persona promedio se enfocaba más en los vínculos de tribu y clan que en la identidad nacional. La mayoría de las familias de Israel dependían de sus propias cosechas y animales. La región montañosa era fértil, pero la provisión de agua era variable, y un par de años de poca lluvia podían ocasionar una hambruna.

AUTORÍA

Eruditos bíblicos han cuestionado la historicidad de Rut. Pero descubrimientos sobre la historia, las convenciones de escritura y la vida diaria de entonces nos llevan a concluir que está fundamentado en la historia. No sabemos quién escribió Rut, pero incluso sin evidencia física de sus personajes, el relato refleja su tiempo y lugar, apoyando su historicidad.

SIGNIFICADO Y MENSAJE

Los milagros ocurren; pero Dios, por lo general, actúa y bendice a través de lo ordinario y lo rutinario. La fe en Dios además supone estar dispuesto a tomar riesgos. Los riesgos y la fidelidad de Rut y Booz en los ritmos ordinarios resultaron en bendiciones eternas.

Los libros de Samuel

En 1 Samuel, una mujer devota y estéril, llamada Ana, da a luz a Samuel (1 Samuel 1:1-23). De pequeño, él llega a ser aprendiz en el tabernáculo (1 Crónicas 6:33-34; 1 Samuel 1:24–3:18). Como profeta, Samuel llama a Israel al arrepentimiento; como juez, saca a los opresores filisteos. Pero sus hijos no son dignos de sucederlo, e Israel pide un rey (8:1-3). Aunque Samuel se opone, el Señor le ordena que unja a Saúl como rey (8–10).

Al principio, Saúl es un buen rey. Pero pronto desobedece a Dios, demostrando que no es digno de ser rey (13; 15). Su hijo Jonatán parece ser un sucesor ideal, pero Dios le ordena a Samuel que unja en secreto a un joven llamado David (14:1-52; 16–31). Al inicio, Saúl y David tienen una buena relación (16:14-23). Pero Saúl se pone celoso y busca matarlo cuando David derrota a Goliat (17:1-58; 18:6-29; 19:1-10; 21–22). Saúl y Jonatán mueren en la batalla contra los filisteos, abriendo camino para David (31:1-6; 2 Samuel 1:1–5:5).

Por siete años y medio, David reina solo sobre Judá (2 Samuel 1:1-27). Is-boset, hijo de Saúl, es rey de las tribus del norte, lo cual resulta en una violenta guerra civil. En contra de los deseos de David, Is-boset y su comandante más importante, Abner, son asesinados (3:22–4:12). Los líderes de las tribus del norte entonces le juran lealtad a David, y David traslada su capital de Hebrón a Jerusalén (5:6-16).

Poco después, Dios hace un pacto eterno con David y sus descendientes (7:1-29). En sus primeros años, David disfruta de éxito por todos lados y cumple su voto de tratar con bondad a los descendientes de Saúl (8:1-18; 10:1-19; 9:1-13). Pero entonces comete el peor error de su vida: hace traer a Betsabé, esposa de otro, a su casa para tener intimidad sexual (11:1-5). Ella queda embarazada, y David prepara la muerte del esposo (11:6-27). Dios se enoja y castiga a David (12:1-12). Aunque David se arrepiente y experimenta el perdón de Dios, el bebé muere (12:13-23). David sigue siendo el rey escogido por Dios, pero sus problemas se agravan y varios buscan derrocarlo (12:24-31; 13:1-39; 14:1–19:43; 20:1-26).

Como rey, David actúa dos veces para aplacar la ira de Dios en contra de la nación (21:1-22; 24:1-25). La segunda vez, construye un altar en Jerusalén donde se construirá el templo (24:18-25; ver 1 Crónicas 21:18–22:1). Entre estos dos episodios, hay tanto pasajes que celebran el poder de Dios a través de David como descripciones de la lealtad y el heroísmo de sus guerreros especiales (22:1–23:39).

CONTEXTO

La amenaza más grande de Israel era su propio quebrantamiento del pacto, y necesitaba un rey para cumplirlo. Pero la idea de que tendría un rey no era nada nuevo;

era tan antigua como la promesa de Dios a Abraham y Sara (Génesis 17:6, 16). Moisés mismo predijo que el pueblo pediría un rey, y el énfasis en el reinado de 1 Samuel aparece por primera vez en la oración de Ana (Deuteronomio 17:14-20; 1 Samuel 2:10). En su época, Israel buscaba un rey que uniera a la nación y la protegiera de amenazas internas y externas.

AUTORÍA

Puede que Samuel haya escrito partes de 1 Samuel, pero no pudo haber escrito 2 Samuel ya que su muerte se registra en 1 Samuel 25:1. El editor final de 1 Samuel nunca se identifica, pero es probable que sea el mismo autor anónimo de 2 Samuel.

CARÁCTER LITERARIO

Poco después del destierro de Judá a Babilonia, 1–2 Samuel se incorporó al cuerpo del material que incluye Josué, Jueces y 1–2 Reyes. Comenzando con la bendición (conquista de la tierra) y terminando con el juicio (pérdida de la tierra), esta sección sigue el rumbo de la historia sagrada de Israel. Le explica a una audiencia en el exilio cómo ocurrió su grave infortunio.

Por mucho tiempo, el nombre de David no se había descubierto en ningún documento de la antigüedad aparte de la Biblia, por lo que eruditos críticos afirmaron que David y su historia son ficticios. Sin embargo, en 1993, arqueólogos en el Tel Dan (en el norte de Israel) encontraron una inscripción en arameo acerca de Hazael, rey de Siria (de aproximadamente el 842–800 a. C.), quien estaba celebrando una victoria militar sobre Israel y Judá. La inscripción dice: «Maté a Jeho..., hijo de [...] gobernante de Israel, y a ...iahu, hijo de [...] ...y de la casa de David» (los puntos suspensivos representan porciones ilegibles del texto en la inscripción). Esta inscripción provee evidencia de la existencia de David y reconocimiento de que fundó una dinastía en Judá.

SIGNIFICADO Y MENSAJE

El rey era responsable de administrar el pacto y el profeta de interpretar sus estipulaciones, y Samuel protegió su derecho autorizado divinamente sobre los reyes con un celo santo (Deuteronomio 17:18-20). No solo ungió a los dos primeros reyes, sino que se vio obligado a censurar al rey cuando se salió de los límites del pacto (1 Samuel 10:1; 13:8-15; 15:10-33; 16:13).

Saúl no tuvo ni la integridad ni el carácter para dirigir a Israel en una monarquía exitosa que honrara a Dios. Pero no es que haya estado destinado al fracaso. Dios quería que fuera un buen rey, y le proporcionó todo lo necesario (como cambiar su corazón y darle su Espíritu). Dios, sin embargo, no impone la justicia, la santidad o la obediencia. Su gracia es persuasiva pero no coercitiva.

El control soberano de Dios sobre la historia de Israel se demuestra de diversas maneras: Una mujer estéril da a luz a Samuel, el agente de Dios para la transición a la monarquía (1); una devastadora victoria filistea se convierte en una derrota filistea sin participación humana (4–6); el rey que la gente pidió llega a ser el ungido de Dios (8–10); Dios lo rechaza por su infidelidad (13, 15); y un hombre conforme al corazón de Dios, el octavo hijo de una familia desconocida, es elegido como el futuro rey de Israel (16). Su reinado aporta cambios internos y externos significativos a Israel, brindándole paz y estabilidad a sus fronteras. La nación comienza a desarrollar una nueva conciencia de sí misma como nación unificada, y su posición en relación con sus vecinos mejora.

Como el pacto con Abraham, el pacto que Dios hace con David incluye promesas de gran fama y de descanso de sus enemigos (Génesis 12:2; 15:18-21; 2 Samuel 7:9-10. Ambos pactos son vinculantes para siempre, y gran parte de la tierra que Dios le prometió a Abraham y a sus descendientes se adquirió por medio de la expansión que David hizo de su imperio (Génesis 13:15; 15:18; 2 Samuel 5:17-25; 7:16; 8:1-14; 10:1-9).

El compromiso de Dios con David fue crucial para sus éxitos a pesar de la guerra civil, las revueltas, la ambición asesina de súbditos leales y los fracasos personales de David. Dios lo castigó cuando pecó, pero permaneció comprometido con David y con su dinastía (7:14-16; 12:1–20:26; 24:1-25). Este compromiso va más allá de David y sus descendientes inmediatos a un hijo distante, Jesucristo, el heredero final que llega a ser el Rey soberano de todo el mundo (Juan 7:42; Apocalipsis 5:5; 11:15). Jesús perpetúa las virtudes de su ancestro, pero nunca exhibe sus defectos. Es el Pastor y Rey perfecto y eterno del mundo.

Los libros de Reyes

Los primeros once capítulos de 1 Reyes se centran en Salomón. Aunque fue el sucesor elegido de David, su hermano mayor, Adonías, intentó tomar el trono (1:1–2:46). Salomón triunfó y usó su sabiduría dada por Dios para reorganizar el gobierno y hacerlo más eficiente. Favoreció la expansión comercial por mar y tierra y emprendió proyectos de construcción extensos, incluso el maravilloso templo y el complejo del palacio. Sin embargo, hacia el final de su reinado, su decadencia espiritual y sus medidas administrativas opresivas instigaron a los adversarios políticos tanto dentro como fuera del país (5:13-18; 11:1-40).

Dios se le aparece tres veces a Salomón. La primera, a principios del reinado, Dios le concede la sabiduría para gobernar, lo cual resulta en gran prosperidad y honra (3:5–8:66). Una vez que Salomón ha terminado de construir el templo y el palacio, Dios lo visita una segunda vez para recordarle que su éxito depende de su fidelidad espiritual (9:1-9). Sin embargo, la gran fama de Salomón lo lleva a casarse con hijas de reyes extranjeros para consolidar alianzas, y él llega a patrocinar la adoración de deidades paganas (9:10–10:29; 11:1-8). Dios lo visita una tercera vez para reprenderlo por su fracaso en honrar el pacto. Su infidelidad, a la larga, ocasionaría la división del reino (11:9-13).

Cuando muere Salomón, llega el juicio de Dios (12:1–16:26). Las tribus del norte se rebelan contra Roboam por su crueldad y establecen el reino de Israel en el norte, con Jeroboam I como rey. Roboam permanece en el trono de Judá en el sur (12:1-24). Las primeras dos dinastías (de Jeroboam I a Tibni) degradan espiritualmente el reino del norte y los reyes de Judá degradan el del sur.

La sección final se dedica más que nada al reinado de Acab, hijo del malvado Omri (16:25–22:40). Israel ha comenzado a adorar a Baal, Dios cananeo de la tormenta, y Dios le encarga a Elías que confronte a Acab y demuestre el poder de Dios para mostrar que solo él es Dios (17:1–18:46). Elías huye de la ira de la reina Jezabel, pero Dios lo llama y envía de nuevo, con Eliseo como su sucesor (19:1-21). El libro termina con breves palabras sobre el carácter y el reinado del rey Josafat de Judá y presenta al sucesor de Acab, Ocozías (22:41-53).

En 2 Reyes, el rey Ocozías muere y Dios se lleva a Elías al cielo (1:1-18; 2:1-12). El manto profético pasa a Eliseo (2:12–8:15; ver 9:1-10). Los reinos gemelos prosperan un tiempo, pero el del norte sigue haciendo el mal y comienza su decadencia (14:23–15:7). Aunque Ezequías será recordado por confiar en el Señor bajo presión, y Josías ganará elogios por su devoción a la ley del Señor, incluso ellos cometen errores críticos (18:5-6; 20:12-19; 23:19, 29-30; ver 18:13–20:11; 22:8–23:25; 2 Crónicas 35:20-25).

Josías muere, y los últimos reyes de Judá hacen lo malo a los ojos del Señor. El reino del sur es devastado y destruido por Nabucodonosor II (2 Reyes 23:31–25:21). El juicio profetizado de Dios ha llegado, y el reino glorioso de Israel pasa a la historia (ver Jeremías 38:17-23).

CONTEXTO

Ya que 2 Reyes registra la caída de Jerusalén en el año 586 a. C., la composición de 1–2 Reyes tuvo que haberse completado después (2 Reyes 24:18–25:21).

La fecha de los reinados de varios reyes y el arreglo cronológico siguen siendo problemáticos, pero la fecha general del período parece clara: se extiende desde c. 973 a. C. (incluyendo aproximadamente los últimos dos años del reinado de David en Jerusalén, 2 Samuel 5:4-5) hasta alrededor del 853 a. C., durante los reinados de Josafat de Judá (872–848 a. C.) y Ocozías de Israel (853–852 a. C.).

AUTORÍA

1 y 2 Reyes reflejan la perspectiva coherente de un solo autor desconocido, a quien la tradición judía identifica como Jeremías, quien presenció la caída de Jerusalén (*Baba Batra* 15ª; una tradición sostiene que fue el mismo Jeremías quien fue llevado a Babilonia c. 568 a. C. y vivió allí hasta bien entrados los noventa años). Tuvo a su disposición archivos oficiales del palacio y del templo y registros que se guardaban en varios centros proféticos para componer una historia detallada de la monarquía dividida de Israel, y tuvo el entendimiento para evaluar el porqué de los éxitos y los fracasos. Su profunda familiaridad con la historia posterior de Judá indica que pudo haber vivido en o cerca de Jerusalén y pudo haber sido testigo ocular de muchos de los acontecimientos que ocasionaron la caída de la ciudad (586 a. C.).

Se ha deducido que la composición final de 2 Reyes tuvo lugar poco después de la caída de Jerusalén y que el apéndice final se agregó poco después de la muerte de Nabucodonosor II en el 562 a. C. Es incierto si el autor seguía vivo y escribió el apéndice final (561 a. C.; 2 Reyes 25:27-30; cp. Jeremías 52:31-34). Si no, los versículos fueron añadidos por alguien con un espíritu similar al del autor principal y muy familiarizado con 1–2 Reyes.

Aunque se relata esencialmente el mismo período de 2 Crónicas y hay varios pasajes paralelos con palabras similares, los autores tenían propósitos distintos, y las diferencias se pueden resaltar al compararlos.

SIGNIFICADO Y MENSAJE

1 Reyes se interesa en la condición espiritual de Israel: ¿Qué tan bien cumplieron los pactos de Dios los gobernantes y el pueblo? El pacto de Dios con David tenía condiciones para su bendición (2 Samuel 7:12-16; Salmo 89:20-37). Las tres apariciones de Dios a Salomón destacan el potencial de una vida espiritual exitosa y significativa,

así como las consecuencias trágicas de la infidelidad espiritual y de confiar en las oportunidades. Cada rey subsiguiente es evaluado por su fidelidad a Dios.

Primera de Reyes enfatiza el papel de los profetas de Dios en aconsejar, amonestar y advertir a los reyes. Se le dedica atención particular al ministerio de Elías, pero Dios también actúa por medio de otros profetas para reclamar la lealtad de su pueblo (1 Reyes 17:1–19:21; 21:1-29).

En 2 Reyes, cada rey es evaluado según su fidelidad (o falta de) a Dios. Hacían o «lo que era agradable a los ojos del Señor» o «lo malo a los ojos del Señor». En Israel, todos fueron malos, y en Judá, muchos lo fueron también. Sin embargo, varios son elogiados por hacer «lo que era agradable a los ojos del Señor» (12:2; 14:3; 15:3, 34; 18:3; 22:2). La implicación es clara: el pueblo de Dios debe vivir de acuerdo con los altos estándares de la Palabra de Dios para que puedan hacer lo que es «agradable a los ojos de Dios» (cp. Salmo 119:9-11, 111; 2 Timoteo 3:16-17).

La prominencia dada a los últimos días de Elías y al ministerio de Eliseo enfatiza la necesidad de proclamar las palabras de Dios a los demás para que puedan entrar en una relación de pacto con él (2 Reyes 1:3-17; 2:1-25; 3:11-19; 4:1–7:2; 8:1-2; Hechos 20:18-21; 2 Corintios 3:4-6; 2 Timoteo 2:15; 4:2).

Finalmente, el que hasta los reyes buenos fracasan le recuerda al pueblo de Dios ser fiel y servir al Señor. Sus vidas entonces pueden llenarse de bien, y cuando estén ante Dios para el juicio, él los recompensará y elogiará (Salmo 84:11; Romanos 14:7-8, 10-11; 2 Corintios 5:10; 2 Timoteo 4:7-8; Apocalipsis 2:10; ver Mateo 25:23).

Los libros de Crónicas

El primer capítulo de 1 Crónicas es similar a cómo Dios seleccionó a personas específicas, desde Adán hasta Jacob. Los capítulos 2–8 consideran a los israelitas desde Jacob hasta el destierro a Babilonia. Las genealogías siguen hasta c. 400 a. C. con una lista de los principales representantes que regresaron del destierro y comenzaron a restaurar Jerusalén (9).

Los capítulos sobre el reinado de David explican cómo organizó funcionarios e hizo preparativos para el templo (13–27). El relato de su reinado termina con una gran asamblea pública y el nombramiento de Salomón como el rey de paz que construiría el templo (28–29).

En 2 Crónicas se describe el reinado de Salomón con gran enfoque en la construcción del templo y con cómo proveer para los sacerdotes. La oración de Salomón y la respuesta de Dios en una visión son centrales para el relato, y se expresa la perspectiva teológica del cronista: Dios responde a las oraciones y al arrepentimiento de su pueblo; juzga a los desobedientes, pero recompensa la humildad y la oración con sanidad y liberación (6:1–7:22; 7:12-22).

Registrada la división de la monarquía, el enfoque pasa casi en exclusivo a Judá, donde los descendientes de David no siempre fueron modelos de obediencia al reinar. Mientras tanto, Israel a veces hace lo correcto (p. ej., 28:5-15). Es una parte de Israel que necesita restauración. Aunque no son condenados por la división, sí son culpados por negarse a regresar cuando los agravios se resuelven.

Cuatro años después de la muerte de Josías (609 a. C.), los babilonios atacan (605–586 a. C.); destruyen Jerusalén y el templo, y la mayoría de la población es desterrada a Babilonia (36:2-21). Las consecuencias por su infidelidad al pacto han llegado. Pero el relato termina con un rayo de esperanza: la proclamación de Ciro (538 a. C.) que les permitió a los judíos regresar a Judá y reconstruir Jerusalén (36:22-23).

CONTEXTO

Los babilonios conquistaron Judá entre el 605 y el 586 a. C., pero su poder se deterioró por su propia decadencia interna (ver Daniel 5). Ciro el Grande, el rey persa (559–530 a. C.), estableció un nuevo imperio que unió a los medos y a los persas. En octubre del 539 a. C., Babilonia cayó sin resistencia, y el imperio de Ciro se extendió hacia el occidente para incluir a Babilonia (ver Daniel 5:30-31).

Ciro proveyó para que los judíos regresaran a Judea y establecieran una provincia alrededor de Jerusalén (ver Esdras, Nehemías, Hageo y Zacarías). Aunque la comunidad experimentó restauración espiritual, protección física y cierta independencia económica, casi no había esperanza de autonomía política, vivían aún como súbditos persas y su comunidad se parecía poco al reino anterior. El destierro le había quitado al pueblo su riqueza, y su regreso a la tierra creó resentimiento entre sus vecinos. Enfrentaron burlas, oposición y humillación mientras reconstruían el templo y, más adelante, la muralla de Jerusalén. El desánimo y la apatía amenazaban con destruirlos del todo. Lucharon por mantener su identidad, fe y forma de vida. Necesitaban un sentido de propósito y esperanza. La tarea del cronista fue establecer y validar los vínculos del pueblo con el pasado. Lo organizaría para darle significado y valor al presente.

AUTORÍA

Tradicionalmente, los libros de Crónicas se le atribuyen a Esdras, pero el autor no dejó indicación sobre su identidad fuera del contenido de sus escritos. Vivió en o cerca de Jerusalén y fue un seguidor apasionado del templo y sus servicios. La prominencia que le da a los levitas podría sugerir que estaba entre ellos. (Esto explicaría su acceso al material que usó para componer su historia).

El cronista probablemente escribió en los últimos años del Imperio persa, c. 400 a. C. La genealogía de los descendientes de Joaquín sugiere una fecha ocho generaciones después de Zorobabel, gobernador c. 520 a. C. (3:17-24; Zacarías 1:1; 4:9). El cronista de seguro escribió después de que Nehemías viajó a Jerusalén en el año vigésimo de Artajerjes (445 a. C.) para reparar la muralla de la ciudad (Nehemías 2:1).

CARÁCTER LITERARIO

En ocasiones, la arqueología confirma las reformas administrativas y geopolíticas que discute el cronista. Su obra es una obra antigua de historia cuyo título también define el género. En hebreo, el término se refiere a «los acontecimientos de los días». En el prólogo de la traducción latina de Samuel y Reyes, Jerónimo llama a Crónicas el *chronikon*, o «anales», registro de acontecimientos, libro de registro de tiempos antiguos. En otras palabras, está escrito como historia. Mientras tanto, la Septuaginta llama a esta historia «las cosas que faltaban», considerando a Crónicas como complemento secundario de Reyes, una actitud que de seguro hubiera horrorizado al cronista, quien usó los primeros registros de Samuel, Reyes y otras fuentes pero buscaba explicar por qué un pueblo sin influencia ni reconocimiento consideró que su existencia y forma de vida eran de profundo significado para el futuro. Prestó atención detallada a asuntos militares, administrativos y geopolíticos en tiempos a cientos de años de distancia. Con frecuencia, agregó información detallada que no se encuentra en ninguna otra fuente que haya sobrevivido pero que, al parecer, estaba a su disposición.

SIGNIFICADO Y MENSAJE

La división de Israel muestra el fracaso del reino en cumplir sus ideales, pero toda esperanza no está perdida. La obediencia aún resulta en la bendición de Dios, y la desobediencia será castigada. Cada vez que se relata una calamidad, el cronista provee una causa para el juicio y enfatiza las bendiciones que resultan de la fidelidad. El arrepentimiento siempre es un medio para evitar o suavizar el juicio. Las advertencias proféticas siempre se anuncian antes del juicio, y la posibilidad de sanar siempre está presente. Este patrón provee una forma principal en la que el cronista comunica esperanza para el futuro en su propio tiempo.

Crónicas busca explicar por qué el reino de David fracasó, y busca establecer que esta pequeña provincia del poderoso Imperio persa llegará a ser el reino que Dios le había prometido a David, quien pasó de ser un fugitivo de Saúl (una condición de destierro) a estar en la comunidad de Dios. La comunidad que leería Crónicas había pasado por una transición similar y podía anticipar bendiciones similares si era obediente. La esperanza se fundamenta en la oración de Salomón al dedicar el templo: «Pero si mi pueblo, que lleva mi nombre, se humilla y ora, busca mi rostro y se aparta de su conducta perversa, yo oiré desde el cielo, perdonaré sus pecados y restauraré su tierra» (2 Crónicas 7:14). Esta promesa le recuerda al pueblo las condiciones necesarias para la restauración: humildad, oración, arrepentimiento y sanidad.

Es decir, la promesa a David no desapareció durante el destierro; la comunidad que se reestablece en Jerusalén la lleva consigo. Pero ¿cómo pueden permanecer fieles a su fe ancestral bajo el dominio de una potencia imperial? ¿Cómo puede un pueblo subordinado ser el pueblo de Dios? ¿Qué significa la promesa del trono eterno de David bajo estas circunstancias? *¿Cuál es nuestra relación con el Israel del pasado?*

Para abordar las preguntas, el cronista narra el pasado de los israelitas desde los primeros tiempos hasta la destrucción de Judá. Supone que sus lectores están familiarizados con sus fuentes principales y los personajes. Hace que sus escritos sean significativos para su propia época y evalúa el pasado desde su propio punto de vista para que sus contemporáneos puedan entender su herencia, el templo y su adoración, y la situación de las promesas de Dios.

El libro de Esdras

538–536 a. C. Unos cincuenta mil israelitas vuelven a Jerusalén (Esdras 1:1-8). Reestablecen su comunidad y comienzan a reconstruir el templo (1:1-5–3:6; 3:7-13). Habitantes extranjeros practican una religión que combina ideas y prácticas paganas y judías. Ya que el destierro les enseñó a los judíos que comprometer la pureza de su fe produciría terribles resultados, se niegan a adorar con ellos (4:1-5). Se atrasa la reconstrucción del templo.

520–515 a. C. Dios usa a Hageo y Zacarías para motivar al pueblo a seguir reconstruyendo el templo (5:1–6:12). Con el apoyo de Persia, el templo se completa en el 515 a. C. (ver Hageo 1:2-6; Zacarías 4:9; 6:12-15; 8:9).

486–445 a. C. Los judíos intentan reconstruir la ciudad y su muralla, pero sufren oposición (Esdras 4:6-23).

458 a. C. Esdras viaja a Jerusalén (7:1-26). Se entera que hay quienes se están casando con paganos y contaminando a Israel. Intercede por la misericordia de Dios y dirige una investigación oficial judicial. Muchos israelitas se arrepienten y se divorcian (9:1–10:44).

445 a. C. Nehemías llega a Jerusalén y la muralla es reconstruida (ver Nehemías 1–7).

CONTEXTO

En Babilonia, los israelitas construyeron hogares y tuvieron una vida bastante buena con cierta libertad religiosa (Jeremías 29:4-5). Algunos incluso llegaron a puestos de poder (Daniel 3, 6). Pero Dios había prometido regresar a su pueblo a la tierra santa después de setenta años (2 Crónicas 36:21; Jeremías 25:12; 29:10).

AUTORÍA

Según el Talmud (*Baba Batra* 15ª), Esdras escribió tanto Esdras como Nehemías. Hay quienes creen que también escribió Crónicas porque el final de 2 Crónicas es muy similar al inicio de Esdras en su vocabulario y punto de vista teológico (2 Crónicas 36:22-23; Esdras 1:1-3). Sin embargo, muchos rechazan la conclusión ya que las diferencias lingüísticas y teológicas superan las similitudes.

CARÁCTER LITERARIO

Esdras contiene dos secciones escritas en arameo, el idioma común del Imperio persa (4:8–6:18; 7:12-26). El carácter auténtico de estos documentos ayuda a verificar la veracidad histórica del relato de Esdras.

SIGNIFICADO Y MENSAJE

Esdras se enfoca en cuatro temas para explicar cómo Dios cumple su voluntad en la vida de su pueblo: todo lo que ocurre es resultado del control soberano de Dios sobre su historia; el pueblo debe ser puro y estar separado de la pecaminosidad del mundo; seguir la palabra de Dios es primordial; y la oración intercesora invita a la compasión y el poder de Dios.

El libro de Nehemías

Nehemías, el copero del rey Artajerjes de Persia, se entera que Jerusalén está en ruinas y ora con fervor por la ayuda de Dios (1:1-3, 11). Como respuesta de Dios, Artajerjes envía a Nehemías a Judá a reconstruir la muralla de Jerusalén (3). Nehemías organiza y motiva al pueblo y lo guía con valor e integridad durante tiempos de resistencia externa y de conflicto interno (4:1-23; 5; 6:1-14). La muralla es reconstruida en cincuenta y dos días.

Esdras y Nehemías entonces dirigen reformas religiosas (7:73–10:39). En el Festival anual de las Enramadas, Esdras le lee a la multitud de los libros de Moisés, resultando en un avivamiento y una larga oración de confesión (8:5-8; 9:5-37). Los israelitas se comprometieron a no casarse con extranjeros ni profanar el día de descanso (10:28-39).

Nehemías entonces busca reubicar a más personas a Jerusalén, dedicar la muralla y organizar a los porteros y encargados de los depósitos del templo (11; 12:27–13:5). Busca asegurar la pureza del templo y confronta al pueblo sobre el día de descanso y el matrimonio con paganos (13:6-7, 10-28).

CONTEXTO

Esdras no resolvió todos los problemas de Jerusalén. El pueblo aún no tenía una ciudad segura con muralla y puertas, y muchos enemigos se oponían a su presencia. Hacía falta un líder cívico fuerte que pudiera ayudarlos a conservar la independencia, vitalidad económica, seguridad y santidad de Jerusalén. Este líder, enviado por Dios, sería Nehemías.

AUTORÍA

Aunque el libro no identifica a su autor, Nehemías comparte varias características con Esdras. Varios acontecimientos en ambos tienen paralelos y se narran de maneras similares. Estos factores llevan a muchos eruditos bíblicos a creer que un solo autor escribió tanto Esdras como Nehemías.

SIGNIFICADO Y MENSAJE

Nehemías basó su servicio en la oración, la cual le proveyó el poder para realizar la voluntad de Dios. Seis veces repitió un refrán en el que le pedía a Dios que «se acordara», ya fuera de él o de sus oponentes (5:19; 6:14; 13:14, 22, 29, 31). Nehemías también enfatiza que Dios controla de manera soberana las vidas de los individuos y de las naciones. Está dedicado a la palabra de Dios y expresa coraje contra la oposición. El coraje y la oración de Nehemías le permitieron tener éxito al tratar los problemas.

El libro de Ester

Durante un banquete en Persia, la reina Vasti se rehúsa a mostrar su belleza; el rey Jerjes la destituye (1:1–2:4). Ester, judía y prima de Mardoqueo, es elegida como reina (2:5-18). Mardoqueo descubre una conspiración contra el rey y la reporta por medio de Ester. En otro momento, se rehúsa a honrar a Amán, funcionario más alto de Jerjes, lo cual precipita una conspiración vengativa: matar a todo judío del imperio y la construcción de un poste para empalar a Mardoqueo (2:19–3:15; 5:14).

Ester arriesga su vida al acercarse al rey; lo invita a él y a Amán a un banquete (4). En él, Ester revela que la conspiración de Amán es un ataque personal contra su pueblo. Amán muere en su propio patíbulo (7).

Jerjes permite que los judíos se defiendan, Mardoqueo es ascendido y los hijos de Amán son ejecutados (8:1-14; 9:1-17). Se celebra la maravillosa salvación de Dios en el primer Festival de Purim.

CONTEXTO

Cincuenta mil judíos volvieron a Jerusalén, pero muchos se quedaron atrás (Esdras 1:1-5; 2:64-67). Ahora, el Imperio persa se acerca a su cúspide bajo el liderazgo de un rey tirano, Jerjes (486–465 a. C.).

AUTORÍA

El texto de Ester no indica quién lo escribió ni cuándo. Algunos padres de la iglesia primitiva pensaban que fue Esdras, pero Clemente de Alejandría sugirió que fue Mardoqueo. Ya que hay muchas palabras persas en el libro y no hay influencia griega, es probable que haya sido escrito entre el 460 a. C. (después del reinado de Jerjes) y el 331 a. C. (antes de que Alejandro Magno conquistara Persia).

CARÁCTER LITERARIO

Ester es una narración biográfica, pero se ha cuestionado su historicidad dada la poca probabilidad de varios acontecimientos. Por otro lado, su exactitud histórica es apoyada porque usa auténticos nombres, títulos y costumbres persas; Dios ha actuado tras bambalinas y usado coincidencias improbables para su gloria; Ester escondió su identidad judía hasta después de ser reina; y los reyes, por lo general, no se oponen al asesinato de sus enemigos.

SIGNIFICADO Y MENSAJE

Aunque Dios nunca se menciona en Ester, el propósito central del libro es demostrar que Dios actúa de manera providencial para cuidar de su pueblo.

El libro de Job

Satanás argumenta que si Dios le quita sus bendiciones a Job, un hombre recto, Job lo «maldecirá» (1:11). Dios permite que Satanás pruebe a Job, quien aun así alaba a Dios (1:21). Tres amigos llegan a compadecerse de Job. Él al fin expresa una queja amarga; ellos lo critican y condenan, y debaten (3–27). El sufrimiento tiene que ser castigo de un Dios justo por algún mal. Job insiste que es inocente y no lo merece.

Eliú, una nueva voz, busca explicar el sufrimiento de Job (29–32:1; 32–37). Dios desafía a Job con preguntas que demuestran su poder y soberanía (38–41). Job se arrepiente y reconoce que no tiene el derecho de cuestionar a Dios (42:1-6). Dios reafirma la rectitud de Job, derrama bendiciones sobre él y pronuncia juicio contra sus tres amigos (42:7-17).

CONTEXTO

Con Job, regresamos al inicio, cuando los mortales comenzaron a luchar por conocer a Dios y entender el mundo a principios de la época patriarcal, antes de que Israel fuera una nación.

AUTORÍA

Parece que el autor fue un sabio hábil en el uso de proverbios (p. ej., 4:2; 6:5-6), preguntas retóricas (p. ej., 21:29) y el arte de la elocuencia. Aunque la historia tiene un entorno patriarcal, es probable que haya sido compuesta durante la monarquía, cuando otros materiales sapienciales se estaban recopilando. Puede ser que varias personas lo hayan editado.

CARÁCTER LITERARIO

Algunos consideran a Job una parábola ficticia, pero la historia se puede describir tanto en poesía como en narraciones detalladas (cp. Éxodo 14:21-31; 15:1-12; Salmo 78; 105). El registro bíblico sugiere que es un relato histórico: Ezequiel y Santiago se refirieron a Job como un ejemplo de rectitud y resistencia (Ezequiel 14:14, 20; Santiago 5:11). Job también tiene paralelos con la literatura del antiguo Cercano Oriente y una semejanza a la literatura sapiencial del Antiguo Testamento.

SIGNIFICADO Y MENSAJE

Job muestra que el sufrimiento no necesariamente es retribución de Dios por el pecado, pero no responde por qué a la gente buena le pasan cosas malas. Se ofrece una imagen compleja de Dios, quien pudo haber rechazado a Satanás, pero decidió permitir la prueba.

Job y los demás oradores toman en serio las ideas de pacto de bendición y maldición, y de sembrar y cosechar en esta vida (Levítico 26; Deuteronomio 28; Salmo 34:11-22; ver también Gálatas 6:7; 1 Pedro 3:10). Es demasiado fácil alinearse con los amigos de Job en negar su inocencia, pero su rectitud es genuina (aunque su obsesión con ella a veces linde con la pretensión de superioridad espiritual). Pero como no podía entender el universo, no debía exigir una explicación. El mundo no se puede explicar en términos que los humanos puedan entender del todo.

El libro de Salmos

Cada salmo es una oración o alabanza al Señor. El primero describe a alguien piadoso que se deleita en Dios, vive según su instrucción y no se deja influenciar por el mal. Pregunta: ¿hay perdón de pecados?; ¿por qué sufren los piadosos?; y ¿por qué prosperan los malos? El segundo pregunta: ¿por qué prosperan las naciones rebeldes y los malvados? y ¿por qué los reyes del linaje de David no son victoriosos? En el resto del salterio, los salmistas batallan con estas preguntas en diálogo con Dios. Algunos aceptan sus problemas en silencio; otros cuestionan a Dios o se exasperan.

AUTORÍA

Durante mil años, poetas escribieron estos poemas mientras personas los recitaban y recopilaban. La liturgia del templo lo estimulaba. Poco a poco, editores incorporaron colecciones más pequeñas a colecciones más grandes, dándole forma al libro de Salmos con cinco colecciones. Este proceso de edición se completó después del destierro a Babilonia.

Hay salmos conectados con Asaf, con los descendientes de Coré, con Salomón, con Hemán, con Etán, con Moisés y con David. Menos de la mitad están conectados de manera explícita con David. De los 116 con título, la mayoría identifican un nombre, pero no es necesariamente el autor. La preposición hebrea *le* (a menudo traducida «de») también puede significar «para», «dedicado a», «concerniente a», o «por». Así que *ledawid* (a menudo «de David») podría interpretarse como «para David», «dedicado a David», «concerniente a David» o «por David». Los salmos *ledawid* evocan a su persona como el representante principal de la dinastía sin implicar que fuera el autor. Los títulos a veces tienen dos nombres, y es posible que la otra persona fuera el autor (Salmo 39, 62, 77). Además, salmos cuyos títulos los conectan con un episodio de la vida de David proveen poco o nada de conexión específica con los episodios (Salmo 3, 7, 18, 34, 51, 52, 54, 56, 57, 59, 60, 63, 142). Algunas tradiciones textuales también varían en la mención de David en el título (p. ej., Salmo 122, 124).

CARÁCTER LITERARIO

El título se origina del griego *psalmos* («canción»; ver Lucas 20:42; 24:44); traduce la palabra hebrea *mizmor* (a menudo en títulos de salmos individuales). *Mizmor* está relacionada con un verbo que significa «tocar un instrumento de cuerdas». Los salmos se acompañaban con instrumentos y eran parte de la tradición oral de Israel antes de que fueran compilados. El título hebreo es *tehillim* («alabanzas»), palabra relacionada con *halleluya* («alaben a Yahveh»).

Los salmos se pueden agrupar de varias maneras: por los nombres que usan para Dios, por los nombres en los títulos, por género, por las colecciones de las cuales son parte o por conexiones temáticas. También se pueden dividir en tres categorías principales: de sabiduría o de instrucción; de lamento; e himnos de alabanza o de acción de gracias.

Los títulos dan información como el autor, el tipo, una notación musical, el uso, un contexto histórico o una dedicación. A menudo designan el género también. Aparte del más frecuente, *mizmor*, existen *maskil* («salmo» o «cántico»), *miktam* («salmo» o «cántico»), *shir* («canción»), *shiggayon* («salmo», un término genérico o musical), *tepilla* («oración»), *tehilla* («salmo de alabanza»), *higgayon* («meditación) y *toda* («salmo de acción de gracias»).

SIGNIFICADO Y MENSAJE

Los salmos son ventanas del alma de los antiguos santos. Sus reflexiones teológicas no son ni fáciles ni simples; su fe es probada y purificada. Modelan profundidad de carácter, sabiduría, honestidad y autenticidad. Pero más que solo modelos a imitar, los salmos son parte de su *tora*: exhortación de Dios para vivir con rectitud. Se centran en Dios e instruyen al pueblo a discernir el error en sí mismos, a recibir su corrección, a ser como él, a confiar en él, a adorarlo, a ser sus testigos en el mundo, a cultivar sabiduría, a vivir por gracia y a tener esperanza en aquel que puede bendecir un mundo necesitado.

Los salmistas reflexionaron en la naturaleza transitoria de la vida, en el sufrimiento y en la adversidad. Ante el aislamiento, el dolor y la vergüenza, anhelan redención; la presencia, provisión y protección de Dios; y una gloria duradera, confiando en que el Señor los vindicaría.

Los salmos preparan al pueblo para la venida del ser humano perfecto y el rey ideal: Jesucristo. Él y los apóstoles comprendieron la vida y el ministerio de Jesús a la luz de los salmos (ver Mateo 13:34-35; 21:16, 42; 23:39; Juan 2:17; 15:25; 19:24, 28, 36; Hechos 2:22-35; 4:11; 13:32-38; Romanos 15:3; 1 Corintios 15:25-27; Efesios 4:7-10; 1 Pedro 2:7). Amaban el libro, citaban de él y vivían de acuerdo con él.

Jesús entró al mundo humano y puso en práctica los patrones en los salmos: humillación, sufrimiento, muerte, vindicación y gloria (Salmo 1). Él es el Mesías y Rey que ha llegado a ser nuestro medio de redención, felicidad y paz (2).

El libro de Proverbios

Proverbios es la antología de dichos sabios, consejos, instrucciones y advertencias del antiguo Israel. Tiene dos secciones principales: pláticas de un padre con su hijo y dichos sabios por varios autores sobre temas desde la riqueza y la pobreza hasta las relaciones, el orgullo y la humildad.

CONTEXTO

Los proverbios vienen de diversas épocas y contextos sociales como la corte del rey, la familia agrícola o el mundo del comercio, los negocios y las empresas. Ofrece sabiduría y guía para el éxito en todas las esferas de la vida de alguien del antiguo Israel.

AUTORÍA

Salomón recopiló dichos sabios y compuso otros (Proverbios 1:1; 1 Reyes 3:5-15; 4:29-32). El material escrito o editado por maestros posteriores se agregó luego. Proverbios recibió su forma final cientos de años después de la época de Salomón.

CARÁCTER LITERARIO

En el antiguo Cercano Oriente, los dichos sabios se coleccionaban en antologías para educar a los jóvenes y guiarlos en cómo vivir bien. Aunque gran parte del material es más apropiado para varones, Proverbios tiene una audiencia amplia, y su propósito es enseñarle sabiduría a la gente tanto ingenua como sabia (Proverbios 1:2, 4-5). Un proverbio expresa una revelación, una observación o un consejo aceptado como verdad. A menudo, mencionar el proverbio correcto en el momento preciso resuelve una discusión. Proverbios también es poesía y dice mucho en pocas palabras. Recompensa el tiempo de reflexión y la meditación en sus matices ricos.

SIGNIFICADO Y MENSAJE

Proverbios es un libro de sabiduría práctica para la vida y nos ayuda a tomar buenas decisiones hoy día. Enseña que hay recompensas por el comportamiento sabio y castigos por el comportamiento insensato, aunque no sean promesas universales. Ofrece principios por lo general ciertos, pero no siempre garantiza un resultado favorable.

A veces, parece que el consejo se contradice a sí mismo, pero la sabiduría y la lectura cuidadosa revelan las circunstancias a las cuales se aplica cada consejo. La persona sabia sabe cuándo aplicar un proverbio en particular y cuándo no. La verdadera sabiduría se basa en una relación reverente y llena de fe con Dios, la fuente de toda sabiduría (1:7).

El libro de Eclesiastés

Eclesiastés es un conjunto de discursos que exploran el valor de la vida, lo que contiene y lo que las personas deben hacer. Está delimitado por el prólogo, el epílogo y la conclusión de un editor (1:1; 12:9-14). Explora un amplio rango de temas desde el tiempo y la sabiduría hasta el placer y la injusticia. A menudo vuelve a un tema principal: la vida y todo lo que contiene es *hebel* («vapor», «sin sentido»). Discute cómo lidiar con las circunstancias en un mundo bajo el gobierno soberano de Dios.

CONTEXTO

Durante los años dorados de paz, Salomón se dedicó a realzar la cultura. Desarrolló el comercio internacional, la diplomacia y la agricultura, y construyó ciudades, fortalezas y el templo. La nación avanzó con prosperidad material y literatura profunda. En lugar de enfrentarse a otras naciones, Salomón interactuó con ellas y su literatura e incorporó sus modos de expresión cultural a la relación de Israel con el Señor.

AUTORÍA

El orador principal es identificado como un rey, como «el Maestro» (del hebreo *Qohelet*) y como el hijo de David, lo cual señala fuertemente a Salomón (ver 1:1, 12, 16; 2:7, 9). El editor del prólogo, el epílogo y la conclusión reverencia al Maestro sabio y agrega un poco de su propio consejo útil (1:1; 12:9-14).

CARÁCTER LITERARIO

Eclesiastés es otro libro sapiencial. Estos identifican cómo tener éxito como individuos y cómo mejorar el éxito de la sociedad. Para el Maestro, la sabiduría es una revelación de cómo funcionan Dios y el mundo, y se obtiene investigando toda la vida. Sus conclusiones son el tema del libro.

SIGNIFICADO Y MENSAJE

A final de cuentas, ¿hay algo significativo? Si somos una sombra momentánea o un suspiro fugaz, ¿cómo puede tener significado nuestra vida? Estas preguntas se consideran en el contexto de la vida diaria. La sabiduría de Eclesiastés está en salir adelante e incluso prosperar a pesar de la brevedad y aparente futilidad de la vida. El mundo tiene significado y propósito en lo que se refiere a Dios, quien lo gobierna e interviene en todo lo que ocurre, sea positivo o trágico. Para quienes confían en Dios, la aparente futilidad es incentivo para lograr en diligente sabiduría lo que puedan y disfrutar los buenos regalos de Dios.

El libro de Cantares

Como un canto de amor humano mutuo, Cantares es único en la Biblia. Está compuesto por discursos, principalmente de un joven y una joven anónimos, sin narrador.

AUTORÍA

Ya que el epígrafe (la primera línea del texto) llama a la obra, literalmente, el «Cantar de los Cantares de Salomón», muchos entienden que Salomón lo escribió. Pero algunas palabras hebreas parecen ser extranjerismos del arameo y el persa que, supuestamente, proceden de una era posterior. Sin embargo, es posible que se hallen en la época de Salomón, el primer verdadero rey cosmopolita de Israel. Pero como tampoco fue un buen ejemplo de amor devoto, puede que la autoría de Cantares sea similar a la de Proverbios o Salmos, o puede que Salomón haya escrito de sí mismo en autocrítica.

CARÁCTER LITERARIO

Cantares presenta a dos amantes apasionados que se deleitan en los placeres emocionales y físicos de la intimidad humana. El libro llegó a ser malinterpretado como solo una alegoría de la relación entre Dios y la iglesia, pero ahora se acepta como la celebración del amor profundo entre un hombre y una mujer casados. Otra literatura del antiguo Cercano Oriente, principalmente egipcia, tiene similares cantos de admiración y deseo intenso en los cuales se ensalzan los atributos físicos del amante y se hacen invitaciones para disfrutarlos.

En Cantares es difícil encontrar un argumento y, si es una historia, identificar a los personajes y sus relaciones. Muchos eruditos lo ven como un drama que cuenta una historia o sobre dos amantes o sobre una mujer y dos hombres. Las desventajas son que no hay narrador y hay muchas posibles historias.

Algunos intérpretes entienden Cantares como el drama de una aventura amorosa entre Salomón y la mujer que ama más que a todas las demás reinas y concubinas de su harén, y todo el poema es una conversación entre ellos. Pero si tuvo una mujer favorecida, las Escrituras sugieren que fue la hija del faraón, con quien se casó muy joven, no la mujer trabajadora de los rebaños y viñas del rey a quien se describe en Cantares (1 Reyes 3:1; 7:8; 9:24; 11:1). Además, este canto de amor verdadero no es muy creíble si la mujer fue una de las muchas mujeres de Salomón que se mencionan en Cantares 6:8.

Por eso es que eruditos recientes se han convencido de que Cantares describe un drama de tres personajes. La mujer ama a un pastor, no al rey, pero se encuentra en el harén de Salomón como concubina. Su afecto ferviente la hace escaparse con su amor verdadero al campo donde se declaran su amor mutuo el uno al otro en matrimonio. Se relatan tres separaciones, y la agonía del aislamiento es tan intensa como lo es su éxtasis cuando están juntos.

Algunos eruditos han concluido que considerar a Cantares un drama le impone una historia que no es cierta. Creen que es una antología de poemas de amor que no cuentan una historia, sino evocan un estado de ánimo. Los poemas usan simbolismo para expresar el entendimiento del poeta de la sexualidad humana. De esa manera, Cantares es similar al libro de Salmos, excepto que todos los poemas tienen que ver con el amor entre un hombre y una mujer. Pero Cantares exhibe mayor unidad y desarrollo de lo que es habitual en una colección de este tipo. Se repiten y desarrollan temas poéticos, y parece que crece la relación de la pareja. Incluso si Cantares no es una historia en sí, parece tener una estructura y coherencia que trasciende las estrofas individuales de la poesía. En respuesta, los eruditos consideran a Cantares un concierto o sinfonía en la que se repiten y desarrollan temas sin revelar, en realidad, una narrativa o trama.

SIGNIFICADO Y MENSAJE

Muchos han cuestionado si Cantares debe estar en las Sagradas Escrituras, pero desempeña un papel crucial en la Biblia como una celebración maravillosa de uno de los regalos buenos y santos de Dios. La Biblia no visualiza a los humanos como almas intangibles encerradas en un cuerpo por un tiempo; más bien, el cuerpo y el alma son aspectos interconectados de una sola entidad. El cuerpo importa, y es importante para la experiencia humana expresar el amor en lo físico. Cantares describe la belleza de una relación sexual plena entre una mujer y un hombre: mutua, exclusiva, completa y bella. El libro estimula el amor íntimo y apasionado entre un hombre y una mujer que se han comprometido el uno con el otro. Y aunque el amor intenso y la pertinencia de expresarlo con palabras de atracción física y satisfacción es el tema central de Cantares, queda claro que la relación de los amantes no es meramente física; también incluye amistad y deseo de estar juntos por razones más que sexuales.

El libro de Isaías

Isaías abarca el período desde la muerte de Uzías (740 a. C.) hasta después del destierro (539 a. C.). Se contrasta la condición de pecado e injusticia de Judá con la existencia bendecida en la presencia de Dios a la que fueron llamados (1–5). ¿Cómo se puede transformar a la corrupción en gloria, pureza y productividad? El profeta narra su renovación y llamado (6). Para experimentar esta renovación también, Judá tiene que dejar su pecado y aprender a confiar en Dios.

Isaías usa varias formas literarias y situaciones de vida para confirmar que Dios es el único confiable (13–15). Acaz no confía en Dios, y hay un desastre. Ezequías confía en Dios, y hay un gran rescate. Cuando Ezequías tiene momentos de debilidad, Israel es derrotado y desterrado (39).

Isaías 40–55 lidia con preguntas que surgirán en el destierro (586 a. C.). ¿Ha sido Dios derrotado y su plan frustrado? ¿No puede hacer nada al respecto? Isaías 56–66 describe la experiencia de Judá después del destierro. Como lo prometió, Dios ha rescatado a un remanente; ellos tienen que ser puros, rectos y santos. Isaías habla del rescate del pecado, y la luz del propio carácter de Dios nace en su pueblo. Toda nación en la que Israel llegó a confiar en vez de en Dios vendrá a Jerusalén a aprender sus caminos.

CONTEXTO

En general, Uzías fue un rey bueno y eficiente; tuvo un ejército fuerte, y su pueblo esperaba que los salvara de los asirios (2 Crónicas 26:11-15). Cuando el rey Uzías muere (740 a. C.), es sucedido por gobernantes impíos y el ejército asirio avanza hacia Egipto. Las naciones pequeñas de la costa mediterránea, incluyendo a Israel y Judá, se interponen, y Asiria solo quedará satisfecha si obtiene el control total de ellas. Dios le da a Isaías la visión que inicia su ministerio y lo guiará durante cuarenta años (Isaías 6).

AUTORÍA

Ya que Isaías trata tres situaciones históricas, dos más allá de cuando vivió el profeta, eruditos han argumentado que no pudo haberlo escrito todo. Esta opinión ha prevalecido desde mediados de los años 1800. Sin embargo, el libro exhibe una unidad literaria extraordinaria, y si la inspiración de Dios es una realidad, la profecía predictiva es una posibilidad real. Cuando Jesús y autores del Nuevo Testamento citan a Isaías, afirman que se refieren a lo que el profeta dijo (ver, p. ej., Mateo 8:17; 12:17-21; Lucas 3:4-6; Hechos 8:28-35; Romanos 10:16).

CARÁCTER LITERARIO

Isaías contiene una rica variedad de subgéneros: discursos de juicio que le advierten a Israel que Dios los castigará por sus pecados (9:8-21); profecías de calamidad que lamentan la muerte inminente de la nación (5:8-30; 29:1-12; 31:1-9); parábolas que enseñan a través de la analogía (5:1-8; 27:2-6); discursos de juicio para establecer un caso (41:21-29); profecías de salvación de esperanza para el futuro (2:1-5; 32:1-20; 60:1-22); himnos de alabanza a Dios por su fidelidad (12:1-6; 26:1-6); profecías en contra de naciones extranjeras (15:1–16:14; 23:1-18); profecías de un rey venidero, el Mesías (9:1-7; 11:1-9); cantos del siervo acerca de aquel que sufriría por los pecados de otros (42:1-9; 52:13–53:12); y narrativas de acontecimientos del momento (36:1-22; 39:1-8).

SIGNIFICADO Y MENSAJE

¿Puede Dios rescatarnos de los problemas y de poderes opresores? ¿Puede quebrantar el poder de nuestro pecado y ayudarnos a tratar con sus consecuencias? Isaías responde con un rotundo ¡sí! Dios es del todo confiable, y es un total disparate confiar en alguien o algo más o tratar de captar a Dios en cualquier objeto. También lo es tratar de manipular a Dios para nuestros propios fines. Solo podemos recibir las bendiciones que quiere derramar sobre nosotros rindiéndonos y confiando. El espíritu humano se opone a confiar en un Dios más allá de su control, pero rehusarse a someterse al Dios verdadero y acudir a dioses falsos es alejarse de Dios y enfrentar su juicio.

Isaías nos da una imagen de Dios como único y *trascendente* (más allá de nuestra experiencia) pero que se revela a sí mismo y desea ser *Emanuel* («Dios está con nosotros», 7:14). Por lo tanto, también es *inmanente* (está cerca), lo cual prepara a los lectores a recibir al Dios *encarnado* (en la carne), Jesucristo: verdaderamente el Emanuel (ver Mateo 1:21-23).

El reino de Dios se centrará en una nueva Sion (nueva Jerusalén), poblada por los fieles y gobernada por el siervo justo de Dios, el Mesías. Este reino estará construido sobre el poder del amor, no de la opresión y la injusticia, y solo los justos pueden pertenecer. La misma gracia que rescata al pueblo de las consecuencias del pecado produce obediencia a la voluntad de Dios. Dios será glorificado y transformará al mundo.

El libro de Jeremías

Dios escoge a Jeremías como mensajero; se establecen las interacciones dinámicas entre Dios, Jeremías y el pueblo de Judá; y Jeremías se entera de los propósitos de Dios (capítulos 1–20; 627–605 a. C.) Por medio de Jeremías, Dios critica la idolatría en Judá, advierte de la invasión del norte y pronuncia castigo severo.

Jeremías tiene batallas verbales con los reyes, sacerdotes y otros profetas de Judá (capítulos 21–29; 605–593 a. C.). Pero Jeremías enfatiza que el pueblo puede ser restaurado, y visualiza una nueva relación de pacto entre ellos y Dios (capítulos 30–33; 596–588 a. C.). La visión llega hasta el futuro y anuncia a un «descendiente justo» que traerá la salvación (33:15).

Ya que Judá ha quebrantado su pacto con el Señor, Jerusalén es sitiada por Babilonia; la muralla es quebrantada; y el templo, Jerusalén y Judá son destruidos (capítulos 34–45; 605–580 a. C.) Cuando los babilonios se van, Gedalías, el gobernador, es asesinado; y el pueblo que ha quedado huye a Egipto a pesar de las advertencias de Jeremías (586–580 a. C.).

Dios trae juicio sobre los vecinos de Judá (capítulos 46–51; 605–593 a. C.). Cada nación tiene que ser castigada por su idolatría y por su crueldad hacia el pueblo escogido de Dios, pero unas cuantas reciben promesa de ayuda divina en el futuro. A Israel se le promete liberación del destierro y restauración en la Tierra Prometida. El libro termina con los últimos días de Jerusalén (capítulo 52; 586–561 a. C.).

CONTEXTO

El reino de Judá es relativamente próspero, libre y seguro, pero Dios llama a Jeremías para advertirle que su destrucción es inminente.

AUTORÍA

Bajo el rey Joacim (605 a. C.), Jeremías le dictó mensajes a Baruc, quien los escribió en un rollo y se lo entregó al rey (Jeremías 36:1-26). El rey lo destruyó, pero Jeremías y Baruc lo reescribieron y agregaron «¡mucho más!», lo que de seguro forma los capítulos 2–20 (36:32). Parece que gran parte del resto del libro se escribió después y se agregó a la creciente antología. Ya que incluye acontecimientos desde la llegada de Jeremías a Egipto, parece probable que estuviera prácticamente completo en el 580 a. C.

CARÁCTER LITERARIO

Domina la estructura de comunicación llamada «sistema del mensajero», común en los gobiernos reales del antiguo Cercano Oriente y aún en uso hoy en día. Un gobernante elegía a un mensajero que les entregaría mensajes verbales y escritos a otros países. El mensajero tenía la autoridad de su gobernante al entregar el mensaje. El destinatario lo aceptaba o rechazaba y enviaba una respuesta. Si rechazaba el mensaje, podía maltratar al mensajero y prepararse para la guerra (ver 2 Samuel 10:1-19). El mensajero le informaba a su gobernante, quien decidía cómo responder.

En Jeremías, muchos de los mensajes se caracterizan por un marco y vocabulario jurídicos. El Señor asume los roles de demandante, juez y verdugo. Como demandante, presenta cargos y evidencia de pecado en contra de Judá. Los acusados expresan sus argumentos, el Señor pronuncia la sentencia como juez y luego la lleva a cabo como verdugo.

Jeremías también contiene narraciones autobiográficas e históricas sobre reyes, funcionarios, sacerdotes, otros profetas y la gente común en tiempos de crisis. Estas a menudo terminan con un decreto en forma poética.

SIGNIFICADO Y MENSAJE

En el Israel del Antiguo Testamento se propagó una batalla entre la idolatría y la adoración al Señor. Jeremías contrasta claramente la insensatez de la idolatría con la majestad, la gloria, la pureza y el poder del Dios de Israel (Jeremías 10:1-16). Con súplicas apasionadas, el Señor ofrece un camino de regreso a su salvación misericordiosa. Si el pueblo remueve sincera y completamente las prácticas atroces y lascivas de la idolatría de sus vidas, se somete al Señor sin reservas y cumple sus requisitos éticos, el Señor dejará de estar enojado y lo aceptará como su pueblo de nuevo.

La descripción más brillante de la misericordia de Dios da la promesa de un nuevo pacto y un nuevo rey (30–33). En lugar de arrancar y derribar, Dios plantará y reconstruirá (1:10; 31:28). Sin embargo, solo unos cuantos se arrepentirán en los días de Jeremías. Él experimenta una tensión profunda entre el mandamiento del Señor («ve y diles») y sus propios deseos (mantener la paz con sus vecinos; 1:17-19; ver 20:8-9). Él siente una profunda solidaridad con su pueblo, y las terribles palabras de juicio y destrucción hieren profundamente su propia alma. Más que cualquier otro profeta del Antiguo Testamento, Jeremías nos permite ver su corazón durante su lucha por obedecer (15:16-18; cp. Mateo 26:36-42).

El libro de Lamentaciones

Lamentaciones es una colección de cinco poemas que lamentan la destrucción de Jerusalén. En ellos, el dolor y la aflicción se emparejan con la fe y la esperanza.

La ciudad en ruinas es personificada como una esclava herida en vez de la famosa princesa que fue. El autor reconoce que se ha ganado su aflicción por su pecado, pero ora que el Señor alivie su condición. El autor también agoniza al ver niños hambrientos, madres llorando, profetas mintiendo y enemigos burlándose. La vergüenza lo destroza y lo está asqueado por la matanza. Aunque la fidelidad, el amor, la amabilidad y la bondad de Dios son la realidad final, el dolor permanece y sus lágrimas fluyen mientras ora. Contrasta en su pesimismo los años de gloria de la ciudad con su devastación. Le pide a Dios que considere la súplica del pueblo.

CONTEXTO

Después del destierro a Babilonia, no ha quedado nada en Jerusalén, y las esperanzas del pueblo están casi perdidas.

AUTORÍA

Lamentaciones no menciona a su autor, pero por mucho tiempo se ha identificado a Jeremías. Como en Jeremías, el autor derrama sus emociones, y ambos reflexionan sobre el futuro de la nación.

CARÁCTER LITERARIO

Los primeros cuatro poemas en hebreo son acrósticos basados en las veintidós letras del alfabeto hebreo, y cada estrofa sucesiva comienza con la letra siguiente. El quinto poema tiene veintidós versículos, pero no es un acróstico.

SIGNIFICADO Y MENSAJE

Lamentaciones encuentra significado en la calamidad. Dios juzgó al pueblo como había prometido; él no tolera la rebeldía humana (ver Deuteronomio 28:32-53; Lamentaciones 1:18).

Pero ¿qué del futuro? Quienes buscan a Dios tienen esperanza. En medio del dolor absoluto, los angustiados pueden presentar sus súplicas ante Dios y experimentar su misericordia, perdón y restauración. Aunque las dudas y los temores ataquen al espíritu humano, Dios permanece confiable. Su ira es justa pero temporal; cesa ante la confesión y el arrepentimiento, y llega a ser posible cantar de la gran fidelidad de Dios (Lamentaciones 3:21-26).

El libro de Ezequiel

La visión inicial de Ezequiel habla de la gloria de Dios en movimiento (1:4-28). Lo describe como el guerrero divino en su carro celestial, quien viene a juzgar a su pueblo. El Espíritu le dice a Ezequiel que el pueblo terco y rebelde de Judá no escuchará el mensaje, pero quiere que Ezequiel sea igual de terco al entregarlo (2:1–3:15). Como centinela, debe sonar la alarma (3:16-27).

Ezequiel presenta los mensajes de condenación (8–24). Representa actos de señal que describen el sitio y la destrucción venideros. Los pecados de Jerusalén se describen en cuatro escenas de abominación que ilustran el porqué de la destrucción. La gloria de Dios se va del santuario, y el templo es destruido.

Entonces, Ezequiel se enfoca en la esperanza, comenzando con siete mensajes que acusan a las naciones vecinas por haber ayudado a los babilonios y por deleitarse en la caída de Jerusalén (25–32; ver Génesis 12:3). El juicio de Dios vendrá a todos ellos.

Aquellos en el destierro se enteran de la destrucción de Jerusalén (33:21). El Señor comisiona a Ezequiel a ministrar como centinela de nuevo. Mensajes de esperanza prometen a un nuevo pastor con un pacto y tierra renovados, en donde el pueblo morará en unidad (34–37). Las nubes oscuras de guerra amenazan esta imagen de bendición, pero el Señor demuestra la certeza de la nueva situación (38–39). Reúne las fuerzas de Gog y sus aliados para destrozar a los enemigos del pueblo de una vez por todas.

Entonces Dios puede revelar el templo final y la tierra reorientada (40–48). La visión final describe el mismo mensaje que el resto del libro: Dios levantará a su pueblo a un nivel de santidad para que pueda morar entre ellos. Quienes fueron fieles en el pasado reciben acceso renovado a la presencia de Dios. Quienes fueron menos fieles permanecen al margen. Un río de vida fluye de ese templo nuevo, creciendo y transformando la muerte en vida. Las palabras finales de Dios para su pueblo por medio de Ezequiel prometen comunión y vida.

CONTEXTO

El libro de Ezequiel fue escrito en Babilonia durante el destierro (605–538 a. C.). Las primeras visiones de Ezequiel tuvieron lugar en Babilonia cuando él tenía treinta años (593 a. C.; Ezequiel 1:1-2).

Antes del 586 a. C., el pueblo en Babilonia y en Judá estaba convencido de que Jerusalén no podía ser destruida. Creían que el templo y sus rituales prescritos garantizarían su sobrevivencia. Pero eran corruptos. El corazón y la vida de las personas eran del todo paganos. Jerusalén tenía que ser destruida. Pero después de la destrucción, el pueblo estaba en grave peligro de caer en la desilusión y desesperación. Se sentían espiritualmente muertos, abandonados por Dios y separados de su presencia.

AUTORÍA

En los versículos iniciales, Ezequiel afirma que él es el autor, y hay poca razón para dudarlo (1:3). De seguro escribió durante el período de sus visiones y mensajes (593–571 a. C.) y es probable que la composición final haya sido poco después del mensaje final.

SIGNIFICADO Y MENSAJE

El profeta les dio el mensaje de la soberanía y la gloria de Dios al pueblo desilusionado, cuya esperanza había desaparecido en Babilonia. Ezequiel describe a Dios como majestuoso, trascendente y poderoso. Los dioses babilonios no lo han derrotado. Dios abandonó su tierra y lugar de residencia contaminada por el pecado de su pueblo. Pero este Dios glorioso no abandonó a su pueblo. En el destierro, Ezequiel mismo vio por primera vez la gloria de Dios (1:1; 11:16). Dios sigue en control; Nabucodonosor simplemente actúa como su agente (21:21-23; cp. Daniel 2–4).

Dios volverá para ser el pastor de su pueblo; transformará la tierra y al pueblo de la muerte a la vida (34:11). La gloria de Dios regresará al templo y nunca más será profanado. Dios reunirá en su presencia a su pueblo y reemplazará las formas antiguas de hacer las cosas con leyes nuevas y estándares de santidad más altos. Cuando esté lleno del Espíritu Santo, el pueblo no profanará la tierra con sus pecados.

Ezequiel señala una esperanza más grande que se cumple en Jesucristo, a través de quien la gloria de Dios mora en medio de nosotros como luz en la oscuridad de nuestro destierro (11:16; 43:1-5; Juan 1:14). El buen pastor restaura la justicia para sus ovejas (Ezequiel 34:1-24; Juan 10:11). Nos llena de su Espíritu y nos hace criaturas nuevas en él (Ezequiel 36:26-28; 37:1-14; 2 Corintios 5:17). Quienes se han aliado con Cristo tienen un acceso aún mayor a la presencia de Dios de lo que anticiparon las visiones de Ezequiel. Son capaces de acercarse al trono de la gracia libremente y beber del agua que da vida y que fluye del trono (Ezequiel 47:1-11; Apocalipsis 22:1-5). Todo lo que Ezequiel anticipó, y más, es nuestro en Cristo.

El libro de Daniel

Daniel abarca desde el 605 a. C. hasta c. 535 a. C. Inicia con acontecimientos que demuestran la fidelidad de Dios hacia Daniel y sus amigos conforme son fieles a él y a su ley. Ellos enfrentan decretos reales que van en contra de la ley de Dios; ellos exhiben sabiduría, obedecen a Dios y él los salva (1, 3, 6). Dios habla a través de Daniel para interpretar revelaciones que les ha dado a reyes paganos (2, 4, 5).

El capítulo 7 usa simbolismo de animales para reiterar el capítulo 2: la historia del mundo culminará con el establecimiento del reino de Dios, pero primero habrá oposición violenta. El capítulo 8 resalta los roles de Persia y Grecia, y culmina con las acciones de un gobernante malvado que se opone al pueblo de Dios. El Capítulo 9 presenta la maravillosa oración de Daniel, la cual toca el corazón de Dios y ayuda a terminar el destierro (9:1-2). El ángel Gabriel le da a Daniel un vistazo del plan de Dios para establecer a su pueblo y tratar con sus opresores. Daniel concluye con una visión que presenta la historia desde el tercer año de Ciro (536 a. C.) hasta la época de Grecia y Roma, y sigue hasta el tiempo de la resurrección. Daniel ha sido fiel a su llamado, y Dios le promete que se levantará (12:13).

CONTEXTO

Durante el destierro, Daniel y sus amigos comienzan un proceso de inculturación ordenado por Nabucodonosor, el cual amenaza con absorberlos dentro de una forma de vida pagana y neutralizar su identidad como el pueblo santo del Señor (ver Éxodo 19:5-6). Parece que el pueblo de Dios será absorbido por Babilonia y desaparecerá del escenario de la historia.

AUTORÍA

La mayoría de los eruditos conservadores sostienen que Daniel escribió el libro a finales de los años 500 a. C. El libro afirma ser profecía predictiva, y el autor coloca a Daniel en los años 500 (2:1, 29-31; 4:24; 5:1; 7:1–12:13). Otros eruditos abogan por fechar a Daniel c. 164 a. C., más que nada porque describe acontecimientos hasta esa época con mucho detalle. Sin embargo, el libro se le atribuye claramente solo a Daniel; una fecha tardía supone que no pudo haber sido el autor. Y si él no escribió las profecías predictivas, carecen de la integridad de un profeta inspirado por Dios, y el libro hubiera enfrentado dificultades para ser aceptado en el canon hebreo. Además, una de las mayores afirmaciones de Daniel es que Dios puede predecir el futuro (2:27-29; 10:21).

Las visiones de Daniel también tienen características de la literatura apocalíptica, popular entre escritos judíos del período intertestamentario (después del 400 a. C.), por lo que se ha dicho que Daniel no pudo haberse escrito antes. Sin embargo, estudios recientes han sostenido que el pensamiento apocalíptico está presente en los libros bíblicos del período del destierro, por lo que es posible pensar que Daniel es un modelo para apocalipsis posteriores.

CARÁCTER LITERARIO

Daniel contiene historia y mucho más. Es literatura sapiencial: un libro de sabiduría con el propósito de hacer que el pueblo de Dios sea sabio en los caminos de Dios. Ciertas partes de Daniel también pertenecen a la literatura apocalíptica (del griego *apokalupsis*, «revelación»). Revela la actividad de Dios, de los ángeles y de otros poderes espirituales tras bambalinas, cuyas actividades afectan acontecimientos históricos de la tierra. La realidad se revela con un rico lenguaje simbólico, y es importante interpretar la literatura apocalíptica según lo que su simbolismo pretende representar, examinando el contexto literario y el trasfondo histórico de un pasaje. El entendimiento necesario se puede encontrar dentro del texto o en el estudio del entorno social, político, militar o cultural (7:1-14, 16-17, 23-25). Al considerar lo que está detrás de los acontecimientos terrenales para demostrar su verdadero significado, Daniel enseña una cantidad de lecciones teológicas.

SIGNIFICADO Y MENSAJE

El tema principal de Daniel es que Dios es soberano: él logrará sus propósitos para la humanidad y toda la creación. La historia marcha hacia el reino de Dios, en el cual su soberanía será una realidad. Dios juzga y rescata a su pueblo, controla la historia como le place a una escala universal y levanta o derriba reinos y reyes paganos. Él decidió cuándo concluir el destierro; derrota y controla los poderes del mal (4:30, 32; 7:8, 20-21; 9:18-19; 10:13; 11:28, 30-32). Los poderes celestiales se inclinan ante él y tiene el poder de resucitar a los muertos (3:28; 4:23, 35; 5:5; 6:21; 8:16; 9:21; 10:5, 13; 12:1-3). Su sabiduría lo controla todo (3:18; 11:35). Elige y aprueba a quienes ama y tiene en alta estima (9:23; 10:11, 19). Establece su reino sobre toda la tierra para siempre, y su pueblo gobernará sobre ella con su Rey, el Hijo del Hombre (7:13, 22; ver Salmo 110:1; Mateo 24:27-44; 25:31; 26:2, 64; Marcos 14:62; Apocalipsis 1:7).

El libro de Oseas

El profeta Oseas tiene una esposa infiel (1–3). Israel le es infiel a Dios al adorar dioses cananeos. Oseas proclama el juicio de Dios, pero también anuncia su deseo de reclamar a su esposa obstinada y restaurar su relación.

Las profecías de Oseas se presentan desde el principio de su ministerio hasta justo antes de la destrucción de Israel (722 a. C.; 4–14). Transmite las acusaciones de Dios en contra de Israel, en especial sus líderes. Las consecuencias serán severas: la nación será destruida. Sin embargo, Dios no se rendirá. Oseas concluye con una promesa divina de restauración futura.

CONTEXTO

Oseas comienza su ministerio en el reino del norte hacia el final del largo y estable reinado de Jeroboam II (793–753 a. C.; ver 2 Reyes 14:23-28). Durante las tres décadas siguientes, Israel tiene seis reyes, cuatro asesinados. Potencias extranjeras hostiles amenazan con destruir a la nación. El pueblo acude con más fervor a deidades extranjeras, aferrándose a cualquier cosa que pueda salvarlos... menos al Señor.

AUTORÍA

No sabemos nada del profeta Oseas aparte de este libro. Él ha de haber memorizado sus profecías orales y, con el tiempo, él o sus seguidores las habrían escrito y compilado en una sola antología. Esta obra pudo haberse hecho en el reino del sur de Judá, en algún momento después de la caída de Israel en el año 722 a. C.

CARÁCTER LITERARIO

Oseas estaba bien educado en la literatura, historia y fe de Israel. Sus profecías dependen de técnicas literarias y retóricas como el lenguaje figurado, los proverbios y dichos populares, los cuales hicieron que el mensaje de Dios fuera más vívido y convincente.

SIGNIFICADO Y MENSAJE

El matrimonio es un símbolo poderoso y memorable de la relación de pacto entre el Señor y su pueblo. Como esposo amoroso, el Señor le proveyó a Israel de sus necesidades. Pero como esposa adúltera, Israel ha buscado la plenitud a través de amantes, los dioses cananeos, y ahora les atribuye las bendiciones de Dios.

Aunque Oseas proclama el juicio de Dios, el pacto es la base tanto para el juicio divino como para la misericordia de Dios. Dios deseó redimir a Israel. El propósito es que vuelva a su verdadero esposo para que, en su misericordia, él pueda restaurarlo y reestablecer su pacto.

El libro de Joel

Una devastadora plaga de langostas atribula a Judá y Jerusalén (1:1–2:17). Hace estragos en toda la tierra, y una sequía la deja árida y quemada además. La gente y los animales gimen de hambre, y al pueblo no le queda nada que ofrendarle al Señor en el templo. Joel los llama a arrepentirse y a descansar en la misericordia de su Dios compasivo (2:12-17). El Señor promete tener piedad de ellos y restaurar sus vidas materiales y espirituales en el presente y en el futuro (2:18–3:21). Derramará su Espíritu sobre quienes respondan a él con fe, y juzgará a los pueblos y naciones que se rehúsen a reconocer su señorío.

CONTEXTO

En el mundo antiguo, no había insecticidas. No tenían ni reservas de alimentos para emergencias ni agencia de auxilio. Con una plaga venía el espectro de la muerte para miles. Era natural que hicieran preguntas difíciles sobre la justicia y misericordia de Dios y que evaluaran su propio pecado y responsabilidad moral por la plaga.

AUTORÍA

Aunque no sabemos cuándo vivió y profetizó Joel, ya que no provee información histórica clara, la mayoría de los eruditos aceptan una fecha posterior al destierro. Aun así, saber el tiempo exacto es menos importante en este caso ya que el mensaje es pertinente para toda época.

SIGNIFICADO Y MENSAJE

Dios es soberano, y la plaga de langostas llega bajo sus órdenes (2:11). Pero su soberanía no niega la responsabilidad humana. Joel llama al pueblo a arrepentirse pues Dios es misericordioso y compasivo; perdona y restaura a quienes se arrepienten.

Para Joel, el arrepentimiento se debe expresar a través de la adoración en el Templo, presidida por sacerdotes. Otros profetas la denuncian por la corrupción entre los sacerdotes y líderes, pero Joel reconoce su valor cuando viene de un corazón sincero y abierto a Dios (ver Isaías 1:10-18; Amós 5:21-24; ver también Hageo, Zacarías y Malaquías).

Joel anuncia que Dios tiene el control del futuro. En el día del Señor, Dios juzgará a los malvados y establecerá paz y justicia (Joel 1:15; 2:1). Derramará su Espíritu, y su pueblo podrá vivir según su ley. Los males que dominan nuestro mundo caído se corregirán cuando Dios venga de manera completa y final (Joel 2:28–3:21; ver Mateo 16:27; Hechos 2:16-40; Colosenses 2:13-22; Apocalipsis 21–22).

El libro de Amós

Amós comienza con ocho acusaciones: siete en contra de naciones vecinas y una en contra de Israel. Acusa a Israel de abusar de su condición privilegiada como pueblo escogido de Dios; acusa a los fiesteros; y comparte un canto fúnebre por la muerte anunciada de la nación (3:1-2; 4:1-3; 5:1-2). Advierte a quienes proclaman el día del Señor como época en la que Dios restablecerá a Israel como nación importante y amonesta a quienes confían en sus riquezas, casas o fortificaciones (5:18-27; 6:1-14).

Cinco oráculos proféticos, basados en visiones, le siguen. Dos juicios se evitarían, pero dos tendrán lugar (7:1-9; 8:1-3). Las visiones se interrumpen con una estampa biográfica, y la visión final es de la destrucción completa de Israel y de su sistema religioso (7:10-17; 9:1-10). Pero vendrán días de sanidad y restauración; Jerusalén será reconstruida, se reestablecerá la dinastía de David y la gente vivirá en la paz del reino de Dios (9:11-15).

CONTEXTO

Moisés describió a Dios como alguien ético que se interesa profundamente en los desvalidos (ver Deuteronomio 24:10-22). Pero cuando Amós llega a Israel poco antes del 753 a. C., la apostasía y la corrupción moral permiten la opresión de los pobres y los desvalidos. Los ricos se enriquecen y los pobres se empobrecen. La prosperidad material erróneamente es vista como señal del favor de Dios, y la gente valora la apariencia por encima de la esencia.

AUTORÍA

Todo lo que se sabe de la vida de Amós proviene de este libro. Se cree que fue un dueño y administrador de ganado y árboles, perspectiva que armoniza bien con el contenido de su profecía. El libro está escrito con un excelente hebreo de Judá y muestra conocimiento entusiasta tanto del legado de Israel como de sus circunstancias políticas y económicas contemporáneas.

CARÁCTER LITERARIO

Entre los mensajes proféticos, Amós incluye preguntas retóricas, metáforas de su vida como pastor, ironía sarcástica, recitación histórica, fragmentos de himnos, juegos de palabras, súplicas de arrepentimiento y predicciones de la maldición que le espera a quienes no se arrepienten (3:3-6, 8, 12; 4:4-5, 6-11, 13; 5:5, 8-9).

SIGNIFICADO Y MENSAJE

La palabrería no es suficiente en la adoración del Dios verdadero. La adoración apropiada lleva a un comportamiento ético hacia los demás. Pero la adoración y teología corruptas corromperán las relaciones humanas. La teología produce moralidad, la adoración correcta produce buenas obras y la fe produce un cambio práctico. La moralidad no se puede definir solo como pureza o integridad personal; incluye obligaciones sociales dado que toda vida humana es creación de Dios y tiene su imagen (Génesis 1:26-27). El servicio a Dios se expresa por medio del servicio a sus criaturas.

El libro de Abdías

Se envía un mensajero a llamar a las naciones a batalla en contra de Edom, y se anuncia el juicio de Edom (1:1-9). Su derrocamiento destruiría por completo el orgullo de la nación, la cual estaba segura en su ubicación física y sus logros intelectuales. Se dan las razones de su humillación en una serie de recriminaciones (1:10-14). La nación descarriada tenía un deber hacia su hermano Jacob, a quien no solo ha ignorado, sino ha repudiado de manera activa.

Abdías visualiza un día del Señor venidero que culminará en un reino universal que le pertenece a Dios (1:15-21). Quienes hacen el mal sufrirán consecuencias terribles, y quienes han sufrido de manera injusta serán restaurados (1: 15-16, 17-21). El pueblo de Jerusalén recuperará la tierra que heredó de sus ancestros, y sus fronteras se extenderán en toda dirección. Su enemigo mortal, Edom, será subyugado como ejemplo de lo que les ocurre a quienes se oponen al gobierno del Señor, y todo el mundo reconocerá al Señor como Rey.

CONTEXTO
Los edomitas son descendientes del hermano de Jacob, Esaú (ver Génesis 25:30). Como nación, Edom ha repetido la hostilidad original de Esaú hacia Jacob. Esta infidelidad hacia su «hermano» Israel provoca la profecía de Abdías.

AUTORÍA
El nombre de Abdías significa «siervo del SEÑOR». Lo conocemos solo por su profecía y por pistas en el texto en cuanto a su época y lugar. Varias personas del Israel del Antiguo Testamento se llamaban Abdías, incluso el supervisor del palacio del rey Acab en una época anterior (1 Reyes 18:3-16). Es probable que Abdías haya escrito su profecía poco después de la destrucción de Jerusalén en el 586 a. C.

SIGNIFICADO Y MENSAJE
Las naciones y las personas deben prestar atención a lo que siembran porque el tiempo de la cosecha pronto llegará. Dios se ofende con las ofensas y le da justicia a los oprimidos. Habrá castigo para los opresores y un reino universal en el cual el Señor gobernará a todas las naciones. Cuando el Señor regrese como Rey a una Jerusalén restaurada, el monte Sion estará en el centro mismo del nuevo orden. Esta imagen de Dios domina la teología de Abdías y obliga a lectores modernos a enfrentar una decisión: ¿serviremos a un dios indiferente al mal o al Dios de justicia de Abdías? Solo un Dios que juzga el mal puede asegurarnos que el mal no triunfará.

El libro de Jonás

Jonás aborda un barco en dirección opuesta a Nínive, rechazando la comisión del Señor de advertirle sobre el juicio que ha incurrido (1:3). Pero el Señor envía una fuerte tormenta. Los marineros paganos intentan apaciguar al dios al que han ofendido, y «descubren» a Jonás. Renuentes, lo lanzan por la borda. Dios calma la tormenta y los marineros lo adoran; el profeta sufre vergüenza y casi muere, pero Dios lo salva con un «gran pez» que se lo traga y, dentro de él, Jonás parece arrepentirse (2). Después de tres días y tres noches, el pez lo escupe en tierra seca.

Dios reafirma su comisión, Jonás obedece, Nínive se arrepiente y Dios tiene misericordia (3). Pero Jonás es incapaz de aceptarlo y pasa del enojo a la desesperación; crece y muere una planta que lo protegía del sol (4). Dios hace una pregunta final: ¿No debería Dios (y su pueblo) «sentir lástima por esta gran ciudad» y desear que los pecadores reciban misericordia en lugar de ira?

CONTEXTO

Jonás es profeta del reino del norte de Israel durante el reinado políticamente próspero, pero espiritualmente oscuro, de Jeroboam II (793–753 a. C.). Nínive es una ciudad clave del Imperio asirio cuyo dominio en la región ha ido en declive.

AUTORÍA

El libro de Jonás no identifica a su autor. Puede que lo haya escrito Jonás o un compañero suyo.

CARÁCTER LITERARIO

Jonás tiene casi pura narración, pero ¿es una narración *histórica*? Muchos han insistido que no por los acontecimientos milagrosos. Aunque utiliza recursos literarios (poesía, ironía y lenguaje común de las parábolas), se presenta como un relato histórico y se comprende mejor como una narración histórica con un mensaje teológico (1:1).

SIGNIFICADO Y MENSAJE

La «salvación viene solo del Señor» (2:9). Él la da a quien le place, y quienes han recibido su misericordia no deben tratar de restringir su flujo (4). No hay dominio en el que no pueda salvar y proteger; y no hay nación que no pueda juzgar o salvar (3:4, 9, 10; ver Jeremías 18:7-10). Mucho antes de la venida de Cristo, Dios estaba dispuesto a salvar más allá de las fronteras de Israel.

El libro de Miqueas

Cada sección comienza llamando a Israel a que «escuche» (1:2–2:13; 3:1–5:15; 6:1–7:6). El juicio del Señor se ha derramado a través de las profecías de Miqueas en contra de Samaria, Jerusalén, los ricos, los corruptos, los profetas falsos, los líderes opresores y otras naciones. El pueblo de Israel ha fracasado al no seguir los caminos de Dios y al no responder a los mensajes que han recibido. La acusación del Señor es incuestionable: Israel será destruido e irá al destierro. Pero también hay palabras de esperanza (ver 2:12-13; 4:1-8, 13; 5:2-15; 7:7-20). La gracia, el amor inagotable, la fidelidad, el indulto, el perdón, y la compasión del Señor reemplazarán el juicio. Dios restaurará y renovará a Israel, y cumplirá sus promesas a Abraham y Jacob.

CONTEXTO
Miqueas da sus profecías durante los reinados de Jotam (750–732 a. C.), Acaz (743–715 a. C.) y Ezequías (728–686 a. C.) en el sur, todos relativamente largos. Tanto Israel como Judá se caracterizan por la corrupción moral y religiosa, la opresión social, la intriga política, la injusticia económica, la depravación personal, el engaño y la traición. Su idolatría llevará a su destrucción y al rechazo del Señor.

AUTORÍA
Miqueas fue nativo de Moreset, una ciudad a unos 35 kilómetros al suroccidente de Jerusalén. Es uno de varios profetas después del destierro que profetiza un retorno (ver Isaías 52:4-12; Oseas 11:10-11; Amós 9:11-15). Su ministerio parece haber coincidido de cerca con el de Isaías (ver Isaías 2:2-5; Miqueas 4:1-4).

SIGNIFICADO Y MENSAJE
El significado de Miqueas es claro: los planes de Dios para su pueblo prevalecerán, y las naciones llegarán a conocer a Dios a través de Israel y su gobernante escogido (5:2). Las promesas fieles que el Señor les hizo a Abraham y Jacob se cumplirán. Pero, como Isaías, Miqueas proclama que la esperanza de Israel se canalizará *a través* del juicio, un concepto que a Israel le cuesta comprender. La meta de Dios es tener un pueblo especial de moral e integridad espiritual sin igual. No aceptará nada menos, pero solo sus acciones por su pueblo pueden crear justicia en ellos (ver 2 Pedro 3:13). Dios enviará al «gobernante para Israel» nacido en Belén, quien guiará a su rebaño y llevará paz al pueblo (ver Miqueas 5:2-5).

El libro de Nahúm

Nahúm inicia con dos pasajes poéticos que describen el poder de Dios, su juicio soberano en contra de la maldad y su bondad hacia quienes confían en él (1:2-6, 7-11). Asegura que Dios administrará su justicia soberana y explica qué significa en el flujo de la historia (1:12-15).

Después de predecir el sitio de Nínive y el regreso de las condiciones normales en Judá, Nahúm describe la caída de la capital asiria (2:1-2, 3-10; 3:1-7). Contempla la destrucción de Nínive en un canto breve y burlón. Con una sátira mordaz, declara que Dios le dará fin a la ambición orgullosa de Nínive (2:11-13). Su segunda descripción de la caída es otra sátira que termina con sarcasmo (3:8-13, 14-19). Se burla de los ciudadanos desesperados, instándolos a defenderse. Por supuesto, no ayudará. Nínive quedará herida de muerte sin que nadie la ayude o llore su muerte.

CONTEXTO

El reino de Judá está en peligro de ser absorbido por una gran superpotencia, el Imperio asirio. A pesar de su arrepentimiento y de sus esfuerzos, la influencia perversa de Manasés permea la tierra. Una nube de condenación se cierne sobre Israel.

AUTORÍA

Se sabe poco de Nahúm. En el texto hebreo, es «Nahúm, que vivía en Elcos», lo cual podría ser el nombre de su clan, pero es más posible que fuera su pueblo natal (1:1). Los detalles del libro muestran que estaba muy familiarizado con Nínive.

SIGNIFICADO Y MENSAJE

Tarde o temprano, todos tienen que rendir cuentas al Señor. No hay nación que sea tan grande como para no tener que pagar por su maldad, y Dios está consciente de la súplica de los oprimidos. Él tiene el control de todos y de todo en la tierra, y se preocupa por aquellos que sufren. La humanidad agobiada puede estar segura de que la justicia divina prevalecerá. Dios es lento para enojarse, y su pueblo debe ser paciente (1:3). Saber que este Señor bueno y afectuoso tiene un propósito claro para su pueblo lo estimula a una vida de fe y confianza (1:7; 2:2). Más allá del tono amenazador del libro está la buena noticia de esperanza (1:15).

Judá verá circunstancias transformadas. La paz y la estabilidad regresarán, y el pueblo será capaz de disfrutar la adoración ininterrumpida de Dios.

El libro de Habacuc

Habacuc es un diálogo entre Dios y el profeta. Habacuc contempla la violencia de Judá, y no entiende por qué parece que Dios lo ignora o no escucha su clamor (1:2-4). Dios responde que está a punto de lidiar con la violencia usando un pueblo aún más violento: los babilonios (1:5-11).

Habacuc queda perplejo (1:12–2:1). ¿Por qué usaría Dios a personas aún más malvadas para castigar a su pueblo? Ambos fallaron en mantener los estándares de fe y moral de Dios, y ambos merecen su juicio (2:2-5). En una serie de cinco canciones de mofa, Dios enumera sus acusaciones en contra de todos los corruptos e injustos (2:6-20). Pero Habacuc pide la misericordia de Dios sobre Judá incluso al castigarla (3:1-2). Registra un salmo de alabanza que reflexiona en la redención durante el éxodo, y termina con una declaración de compromiso y una nota de alabanza (3:3-19).

CONTEXTO

Los últimos reyes de Judá han sido condenados por su perversidad (2 Reyes 23:32, 37; 24:19; Jeremías 22; 27:1-22; 36:30-31). Externa e internamente, Judá está en una condición precaria. Habacuc vivió y sirvió como profeta durante su último período trágico como estado independiente, (ver Habacuc 1:2-4).

AUTORÍA

De Habacuc solo sabemos que fue profeta de Judá. Su rico uso de lenguaje figurado y su cuidadosa estructura compositiva indican su alta sensibilidad literaria.

SIGNIFICADO Y MENSAJE

Cuando la violencia y la corrupción abundan y parece que el mal gobierna, los fieles pueden preguntarse si a Dios le importa o está en control. Habacuc nos ayuda a entender que Dios no desprecia esas preguntas en oración y con un corazón sincero. Sí ve y se interesa profundamente por lo que ocurre en la tierra. Él está en control de la historia y sus tratos siempre son justos y rectos. Aunque no se pueda percibir, su mano soberana está activa, y él llevará los asuntos a una conclusión apropiada y justa (Habacuc 2:2-3, 14).

Habacuc también enfatiza que la vida santa de fe y fidelidad debe reproducir los estándares éticos de Dios (Habacuc 1:12; 2:4). Quienes confían en él y lo sirven podrán alegrarse en él y vivir triunfantes en cualquier circunstancia (Habacuc 2:20; 3:16-19; Filipenses 4:4; ver también Romanos 1:16-17; Gálatas 3:11; Hebreos 10:35-39).

El libro de Sofonías

Sofonías comienza anunciando *el día del Señor*: su juicio sobre el mundo pecaminoso, incluyendo a Judá y Jerusalén, cuya relación de pacto con Dios no los hace inmunes (1:2-13, 14-18). Sofonías los insta a arrepentirse, a buscar al Señor y a vivir de manera justa con toda humildad (2:1-3). Tal vez así podrán experimentar la protección del Señor en el tiempo venidero de la ira.

Pero Judá no se escapará porque sus líderes espirituales y civiles han llevado a la sociedad a la corrupción total (3:1-7). Los juicios inminentes son precursores de un tiempo de juicio que abarcará a todas las naciones (3:8). Sin embargo, no será el fin: el día del juicio llegará para que el día de salvación le siga (3:9-20). Solo quienes «confían en el nombre del SEÑOR» permanecerán (3:12). El «remanente de Israel» disfrutará el derramamiento de las bendiciones de Dios y se alegrará en él para siempre (3:13-19).

CONTEXTO

El reinado de Josías comienza y no se ha redescubierto el libro de la ley. Como en la época de Amós unos 125 años antes, el pueblo añora «ese día» como la época en la que Dios lo vindicará destruyendo a sus enemigos. La época se caracterizará por la indiferencia religiosa, la injusticia social y la avaricia económica (Sofonías 1:4-13; 3:1-4, 7). Se necesita un genuino profeta de Dios, y Sofonías lo será.

AUTORÍA

Se sabe poco de Sofonías, pero se rastrea su linaje hasta Ezequías (1:1). Los expositores judíos y cristianos tradicionalmente identifican a este Ezequías con el rey de 2 Reyes 18:1–20:20, lo que significaría que Sofonías tuvo ascendencia real y, de seguro, una influencia positiva en la vida del rey Josías. Sofonías mismo registró que su ministerio profético fue durante el tiempo de Josías (640–609 a. C.; ver 1:1).

SIGNIFICADO Y MENSAJE

Dado el orgullo humano, las personas razonan que Dios no intervendrá en los asuntos humanos (1:3-6, 12, 17; 2:15; 3:1, 4). Continúan con su violencia y engaño, y su avaricia oprime a quienes los rodean (1:9-11, 13, 18; 3:3). Como Nahúm y Habacuc, Sofonías presenta a Dios como el Señor soberano de la historia de la tierra, quien castiga la perversidad y ha determinado un tiempo en el que intervendrá para traer justicia duradera (1:2-3, 7-9, 14-18; 2:4-15; 3:6-8, 11). Él puede anular el castigo que los pecadores merecen si se arrepienten en verdad, pero necesitan virtudes como la justicia, la humildad, la fe y la verdad (2:1-3; 3:12-13).

El libro de Hageo

Hageo desafía a los judíos a dejar de priorizar su comodidad personal y enfocarse en restaurar la adoración apropiada de Dios al reconstruir su templo (1). Dios no ha olvidado sus promesas de bendición y restauración, y su gloria de nuevo llenará el templo (2:1-9). Hageo entonces les recuerda que las instrucciones de la ley de Moisés siguen en vigor, y Dios espera que sean santos como él (2:10-19; ver Levítico 11:44-45). Finalmente, Hageo restablece la prominencia de los descendientes del rey David en la vida religiosa y política de Israel (Hageo 2:20-23).

CONTEXTO

Casi veinte años después del regreso del destierro, la sequía y la plaga asolan la tierra y el templo sigue en ruinas, pero el pueblo vive en casas cómodas. Se consume como estado vasallo de Persia y las naciones vecinas acosan a su liderazgo, impidiendo sus esfuerzos tímidos de mejoras. Se ha visto pesimista, el egoísmo ha paralizado el espíritu comunitario y la apatía y la desilusión le han restado valor a su adoración.

AUTORÍA

Hageo no dice nada sobre su autoría, pero es probable que el profeta haya escrito sus propios sermones, y Esdras da fe de su ministerio (1:1, 3; Esdras 6:14).

CARÁCTER LITERARIO

Hageo usa preguntas retóricas para enfatizar su tesis (ver 1:4; 2:3, 19). Repite palabras o frases para establecer el tono de sus sermones y en ocasiones hace juegos de palabras. Los mensajes escritos supuestamente son resúmenes de sermones más largos. Son *oráculos*: mensajes autoritativos inspirados por Dios, los cuales a menudo incluyen expresiones estereotipadas con palabras y frases comunes.

SIGNIFICADO Y MENSAJE

Hageo le llama la atención a una comunidad dormida en lo espiritual. Correlaciona su falta de éxito agrícola y económico con su descuido del templo y su mensaje es «que se levanten a trabajar» en la reconstrucción. Reprende al pueblo por su falta de interés en adorar a Dios y lo llama al arrepentimiento y a la renovación espiritual. Cuando el pueblo reacciona de manera positiva y comienza a reconstruir, Hageo lo anima con la promesa de la presencia y ayuda de Dios. Hageo también llama al pueblo a la adoración auténtica, a la confianza en la Palabra de Dios, a la santidad personal y a la obediencia al liderazgo designado por Dios (1:13-14; 2:4-5).

El libro de Zacarías

Zacarías reprende, exhorta y anima. El plan de Dios depende de la obediencia a las leyes de Dios, en especial las que regulan el trato unos con otros (7:8-12; 8:14-17). Israel tiene que buscar el favor de Dios, actuar con justicia y mostrar bondad y compasión a las viudas, los huérfanos y extranjeros (7:9-10; 14:16-21).

CONTEXTO

Hageo predicó a finales del año 520 a. C. El pueblo respondió a su mensaje y comenzó a reconstruir el templo del Señor (Hageo 1:12-15). Zacarías complementará ese mensaje, preparando al pueblo para la adoración apropiada (1:3-6; 7:8-14).

AUTORÍA

Zacarías no dice nada acerca de su autoría, pero es probable que el profeta haya escrito sus sermones. El sobrescrito lo identifica como hijo de Berequías y nieto de Iddo, como lo confirma Esdras (1:1; Esdras 5:1; 6:14). Nehemías menciona a Zacarías como cabeza de la familia de sacerdotes que descienden de Iddo (Nehemías 12:1, 16). Esto sugiere que Zacarías fue tanto sacerdote como profeta en Jerusalén.

CARÁCTER LITERARIO

Zacarías es literatura profética con elementos de literatura apocalíptica, la cual a menudo se presenta en visiones que un mediador angelical explica (ver 1:9).

SIGNIFICADO Y MENSAJE

Zacarías llama al arrepentimiento, a la renovación espiritual y al regreso a la relación correcta con Dios (1:1-6). Su tarea es consolar y fortalecer a un pequeño remanente desanimado del pueblo (1:13; 8:6-15). También refuerza los llamados de Hageo para reconstruir el templo (8:9, 13).

Sus visiones del futuro prometen paz para Israel, juicio para las naciones, la restauración de Jerusalén, un gobierno responsable por parte del liderazgo nombrado por Dios y justicia entre el pueblo de Dios (1:7–6:15). Enfatiza que la justicia social es la respuesta adecuada de Israel a Dios (7:8-12; 8:14-17).

Finalmente, Zacarías infunde esperanza en Dios al enfocarse en la restauración futura de Israel (9–14). Predice el regreso del Señor a su templo, el rescate de Israel de sus enemigos y el establecimiento del reino de Dios en Jerusalén (9:8-10; 12:1-14; 14:9-11). Señala al Mesías, un pastor que sufrirá y un rey justo que traerá salvación a Israel y paz a las naciones (9:9-10, 16; 13:7).

El libro de Malaquías

Malaquías presenta su tesis: Dios ama a Israel (1:2-5). Entonces la debate con su audiencia. Afirma que Dios, el Señor y Padre de todo Israel, merece adoración genuina (1:6–2:9). Luego extiende las implicaciones del amor de Dios a las relaciones humanas, en especial al matrimonio (2:10-16). Después, resalta la justicia de Dios, apela a la sinceridad y busca el interés social genuino (2:17–3:5). También enfatiza la fidelidad de Dios a su Palabra y llama a Israel a una fidelidad similar en la adoración (3:6–4:3).

CONTEXTO

El templo ha sido reconstruido, pero parece insignificante comparado con el de Salomón, y la adoración es lamentable. Los sacerdotes apáticos llevan a las personas al pecado. Los adoradores sacrifican animales inferiores y descuidan los requisitos de Dios para los diezmos y las ofrendas. Parece haber desaparecido la esperanza de un avivamiento de la dinastía de David. El pueblo se ha entregado al cinismo religioso, el escepticismo político y la desilusión espiritual. En la mente de muchos, Dios ha fallado a su pueblo.

AUTORÍA

El libro de Malaquías no dice nada acerca de su autoría, pero se cree que el profeta Malaquías escribió sus sermones (1:1). Su lenguaje es similar al de Hageo y Zacarías, y parece probable que haya sido un contemporáneo algo posterior a ellos.

CARÁCTER LITERARIO

Malaquías es similar a procedimientos legales (o discursos de juicio) y debates. Su debate por lo general incluye una afirmación de verdad, una refutación de la audiencia, la respuesta del profeta reafirmando su premisa inicial y evidencia adicional. Busca dejar al oponente sin palabras y motivo de discusión.

SIGNIFICADO Y MENSAJE

Malaquías presenta una breve teología para corregir el pensamiento equivocado del pueblo sobre su relación de pacto con el Señor. Como pastor sensible, Malaquías le ofrece el amor de Dios a un pueblo desanimado. Como teólogo sabio, lo instruye en la doctrina básica que enfatiza la naturaleza de Dios. Como profeta severo, reprende a los sacerdotes corruptos y advierte del juicio de Dios. Como mentor espiritual, llama a su pueblo a una adoración más sincera, desafiándolo a vivir según los estándares éticos del pacto de Dios.

El Evangelio de Mateo

Mateo sigue a Jesús desde antes de su nacimiento hasta después de su resurrección. Como niño, Jesús enfrenta una serie de peligros potenciales (2). Como adulto, se embarca en una corta carrera: proclama la justicia de Dios, realiza milagros y amplía su alcance al enviar a doce apóstoles (5–11:1). Pero es rechazado por los judíos de Galilea y Judea (11–17). Los confronta en el templo durante su última semana, anuncia una serie final de calamidades en contra de las autoridades que llevan por mal camino a las personas y predice que Dios juzgará y destruirá Jerusalén (21–25). Es arrestado, juzgado y crucificado por oponerse a los líderes judíos y desafiar el *statu quo* (26–27). Es vindicado por medio de su resurrección y les da la gran comisión a sus discípulos: que hagan discípulos de todas las naciones (28).

CONTEXTO

El Evangelio de Mateo se deriva de una comunidad cristiana cerca de Jerusalén que —rodeada de judíos que no han dejado su fe judía— tienen que responder socialmente a las estipulaciones de la ley judía a diario. Aquí se tiene un cristianismo judío que permanece tan fiel en su compromiso con la comunidad judía como a su glorioso Señor (cp. Hechos 15:1-41).

AUTORÍA

Jesús se hizo amigo de Mateo, un cobrador de impuestos que llegaría a ser uno de los doce apóstoles, y lo llamó a una vida de justicia y obediencia (9:9). A principios de los años 100 d. C., Papías (obispo de Hierápolis) declaró: «Mateo compuso los oráculos en el idioma hebreo [o, "en un estilo hebreo"] y cada uno los interpretó como pudo». Tradicionalmente, se entiende que Mateo escribió un Evangelio en hebreo o arameo, el cual fue traducido al griego por alguien que tal vez también conocía el Evangelio de Marcos. Pero estudios recientes sugieren que Papías se refería al estilo judío de Mateo, no a su idioma, porque no parece que su Evangelio sea «griego traducido».

CARÁCTER LITERARIO

Después de una introducción, Mateo alterna material de enseñanza con material narrativo. Luego registra la confrontación que Jesús hace de Israel con el mensaje de Dios en cuanto a la llegada de su reino en los últimos días, a lo cual le siguen las respuestas que suscita (4:12–20:34; ver 4:17).

SIGNIFICADO Y MENSAJE

Mateo sostiene que Jesús cumple la antigua fe de Israel y la esperanza del Antiguo Testamento: en Jesús, el Mesías y el día del Señor han llegado. Para Mateo, Jesús es claramente el Hijo de Dios, quien nació de la Virgen María para dar salvación a su pueblo (1:21). Jesús es «Emanuel, que significa "Dios está con nosotros"» (1:23; 28:20).

Mateo usa la expresión «reino del cielo» treinta veces. Esta es una forma indirecta en que los judíos decían «reino de Dios». Mateo la usa para evocar el gobierno de Dios en la tierra, invisible pero presente, por medio de la obra salvadora de Jesús el Mesías; el poder y la fuerza de la actividad salvadora de Dios a través de medios discretos y humildes; la venida del reino dentro de una «generación»; el juicio final de Dios; y la comunión final y perfecta de todo el pueblo santo de Dios con el Padre (4:17; 8:11-12; 10:23; 11:2-6, 11-15, 25; 12:28; 13:24-30, 36-43; 16:28; 22:1-14; 24:34; 25:31-46; 26:29). Muestra el perfecto reinado de Dios por medio de Jesús el Mesías entre su pueblo.

Mateo enfatiza que Jesús nos llama al bautismo, a seguirlo como discípulos, a obedecer sus enseñanzas y a disfrutar de la comunión con él (28:20). Los requisitos del discipulado se resumen en el Sermón del monte, y el tema se repite a lo largo de Mateo, el cual también muestra cómo los discípulos superan sus fracasos con la ayuda de Cristo (5–7; 10:1-42; 16:24-26; ver 14:28-33; 16:5-12).

Al estilo de un comentario judío, Mateo vincula los textos del Antiguo Testamento con acontecimientos de la vida de Jesús que los cumplen. Esto se arraiga en la creencia de que Dios está haciendo, final y completamente en Jesús el Mesías, otra vez lo que hizo una vez en Israel.

En un libro tan orientado a lo judío, sorprende encontrar tal énfasis en la inclusión de los gentiles en la obra salvadora del Mesías. Más que cualquier otro evangelio, enfatiza que la Buena Noticia es para todos. Esa postura puso a Mateo en desacuerdo con la comunidad judía de su época en dos preguntas fundamentales: ¿quiénes son el pueblo de Dios? y ¿qué futuro hay para Israel? Las narraciones del nacimiento muestran que Dios salva a los gentiles, y todo el libro los presenta de manera positiva. Ya que Dios es soberano, su Mesías es Rey de toda la creación. Aunque ha actuado de manera especial en y a través de Israel, la inauguración del reino del cielo también comparte el buen favor de Dios con todas las naciones (ver 28:18-20; 10:5-6; 15:24).

El Evangelio de Marcos

La estructura general de Marcos es geográfica. Los primeros nueve capítulos narran el ministerio de Jesús en Galilea y sus alrededores. En 10:1-52, Jesús y sus discípulos viajan de Galilea a Jerusalén, donde ocurren los últimos capítulos. (Mateo y Lucas, al hacer uso de Marcos, siguen este bosquejo geográfico).

Marcos también organiza por temas: colecciones de historias de milagros, historias de controversias, parábolas y enseñanzas acerca del fin. Algunos de los materiales incluyen indicadores de secuencia cronológica: el ministerio de Jesús comenzó con su bautismo y tentación; su sufrimiento, muerte y resurrección ocurrieron al final (1:2-13; 11:1–16:8 ver Hechos 1:22; 10:37).

El momento crucial del ministerio de Jesús ocurre en Cesarea de Filipo, donde los discípulos confiesan por primera vez que creen que Jesús es el Mesías (8:29). Jesús entonces revela que su muerte y resurrección se aproximan (8:31; cp. Mateo 16:21). Este es el tema dominante de 8:31–16:8.

CONTEXTO

Se acepta que Marcos fue el primer «Evangelio» (un relato escrito de la vida y enseñanzas de Jesús) canónico. Antes de él, las tradiciones del evangelio circulaban de forma oral, bajo la supervisión de testigos y ministros de la palabra de Dios (Lucas 1:2). Según la tradición de la iglesia, después del martirio de Pedro a mediados de los años 60 d. C., la iglesia de Roma le pidió a Juan Marcos que escribiera los relatos de la vida de Jesús y las enseñanzas que Pedro les había dado de forma oral.

AUTORÍA

La iglesia primitiva le atribuyó Marcos a Juan Marcos. Si no hubiera sido el autor, no es probable que Papías y otros se lo atribuyeran a alguien con una reputación dañada que no había sido apóstol (ver Hechos 13:13; 15:36-41). Las frases en arameo de su texto griego sugieren que era bilingüe (p. ej., Marcos 5:41; 7:34; 15:34). Como conocía y explicó varias costumbres judías, era judío (p. ej., 7:3-4; 14:12). Juan Marcos, primo de Bernabé, fue un judío que se crio en Jerusalén y sabía arameo (Hechos 12:12). Encaja bien con la evidencia considerar que escribió este Evangelio basado en los relatos de Pedro del evangelio.

CARÁCTER LITERARIO

Según la tradición, Marcos se escribió para la iglesia de Roma. Está claro que los lectores originales eran gentiles de habla griega porque el autor los distingue de «los judíos» y explica las costumbres judías (7:3). Y está claro que eran cristianos familiarizados con las tradiciones del evangelio porque el autor no explica varias referencias al Antiguo Testamento ni quiénes fueron Juan el Bautista, el profeta Isaías o los fariseos y los maestros de la ley religiosa (1:2-8; 2:25-26; 7:1). También es evidente que eran romanos por los «latinismos» de Marcos.

SIGNIFICADO Y MENSAJE

El énfasis teológico principal de Marcos es la identidad de Jesús de Nazaret, «el Mesías, el Hijo de Dios». El título «Hijo de Dios» aparece a menudo, y varios testigos nombran a Jesús hijo de Dios: los demonios; Dios; Marcos, el autor; el centurión romano; y Jesús mismo (1:1, 11, 24, 34; 3:11; 5:7; 9:7; 12:6; 13:32; 14:61-62; 15:39). Durante su vida, el Hijo de Dios tuvo que protegerse a sí mismo y a sus seguidores de las malinterpretaciones de «Cristo» (o «Mesías»). Su misión final se explica por medio de su muerte, en la cual entregó su vida como rescate por muchos para establecer un nuevo pacto, y su ministerio terrenal también señala su regreso como el Hijo de Dios, quien gobierna el reino de Dios.

Aun así, a lo largo de Marcos, Jesús les dice a los demás que no divulguen su verdadera identidad, de seguro dada la tendencia a malinterpretar quién es él y qué ha venido a hacer. Pero el secreto no puede guardarse porque Jesús produce tal asombro (7:36). Y aunque los personajes luchan por comprender su identidad, los lectores tienen el cuadro completo de ella a la luz de la muerte y resurrección de Jesús.

Lo cual es algo más que Marcos enfatiza: el relato de la *pasión* de Jesús. Es decir, su sufrimiento, muerte y resurrección. El Antiguo Testamento enseñó de la muerte del Mesías, y a lo largo del Evangelio, encontramos numerosas referencias a ella (2:19-20; 3:6; 8:31; 9:9, 12, 31; 10:33-34, 45; 12:1-11; 14:1-11, 21, 24-25, 36, 14:64–15:47; ver 9:12; 14:21, 27, 49). Marcos enfatiza que fue parte del plan de Dios y una necesidad divina porque Dios la había dispuesto (8:31; 10:45; 14:36).

Finalmente, la llegada del reino de Dios es central para el mensaje de Jesús. Las personas tienen que arrepentirse y creer el evangelio porque el reino de Dios ha llegado (1:14-15). Deben negarse a sí mismas y tomar la cruz propia para seguir a Jesús (1:18, 20; 10:21, 29; ver 8:34). Podría ocasionar persecución y martirio, pero a los cristianos se les promete que la resistencia en la fe significa salvación y vida eterna (10:30; 13:9-13).

El Evangelio de Lucas

Después de una introducción, Lucas describe el nacimiento de Jesús (1:5–2:51). Entonces presenta su ministerio público con relatos de Juan el Bautista, el bautismo de Jesús, la tentación de Jesús y descripciones de su ministerio en y alrededor de Galilea (3:1-22; 4:14–9:50). Jesús proclamó el reino de Dios, enseñó con autoridad, sanó a los enfermos y expulsó demonios, demostrando la autoridad del reino con sus palabras y acciones. El momento culminante de su ministerio en Galilea es cuando Pedro confiesa que Jesús es el Mesías, y entonces Jesús explica que el Mesías tiene que sufrir y morir en Jerusalén (9:18-22). Jesús se dirige a Jerusalén para cumplir esa misión (9:51–19:44). El autor entonces relata muchas historias y parábolas de Jesús muy apreciadas: el buen samaritano, el hijo pródigo, el hombre rico y Lázaro, la historia de María y Marta, y el episodio de Zaqueo. En el clímax de la narrativa, Jesús es arrestado, juzgado y crucificado (22:1–23:56). La narración se resuelve con la resurrección de Jesús (24:1-12). Lucas entonces relata el camino a Emaús (24:13-35). Mientras caminaba con dos discípulos desanimados que no lo reconocen, Jesús les enseña que su muerte no fue un fracaso, sino el cumplimiento de las promesas del Antiguo Testamento. La narrativa termina con un breve relato de la ascensión (24:50-53).

CONTEXTO

Hay un conflicto creciente entre la iglesia y la sinagoga entre mediados y finales del primer siglo d. C. La iglesia primitiva no se ve a sí misma como una religión nueva, sino como el cumplimiento y la finalización del judaísmo. Cada vez más gentiles entran a la iglesia mientras muchos judíos rechazan la Buena Noticia. La división entre aquellos que creen que Jesús es el Mesías y los que lo niegan aumenta. Se busca confirmación y seguridad de que el plan de salvación de Dios continúa aunque muchos judíos rechazan a Jesús.

AUTORÍA

A pesar de que todos los Evangelios son anónimos (los autores no se mencionan a sí mismos), es fácil identificar al autor de Lucas–Hechos como Lucas, médico y en ocasiones compañero del apóstol Pablo. Es evidente que llegó a la fe por medio del ministerio de Pablo, y en varios pasajes de Hechos, se describe a sí mismo como participante de las actividades misioneras de Pablo (Hechos 16:10-17; 20:5-17; 21:1-18; 27:1–28:16). No estuvo presente durante el ministerio terrenal de Jesús, pero fue un historiador cuidadoso y sagaz que utilizó relatos de testigos y fuentes escritas y orales. Como gentil, uno de sus temas centrales es que la salvación de Dios es tanto para los gentiles como para los judíos (Colosenses 4:11-14).

CARÁCTER LITERARIO

Lucas comienza con un prólogo formal, escrito al estilo de los refinados escritores grecorromanos, el cual demuestra las habilidades literarias del autor y presenta el propósito de su obra: escribir un relato histórico confiable de la vida de Jesús, el cual confirma la verdad del mensaje cristiano (1:1-4). Lucas enfatiza que su relato se basa en el testimonio confiable de testigos y fecha meticulosamente el ministerio de Jesús con referencia a los gobernantes de su época (1:1-4; 3:1-2).

Después de la introducción, Lucas describe el nacimiento de Jesús de una forma judía que trae a la mente el Antiguo Testamento griego, muestra claramente las raíces judías del mensaje del evangelio y presenta temas que se desarrollan en el resto de Lucas y el libro de Hechos (1:5–2:51). En efecto, Lucas se debe leer e interpretar junto con su volumen complementario, Hechos. Cuando Lucas escribió su Evangelio, ya tenía la escritura de Hechos en mente. Los temas que se presentan en el Evangelio alcanzan su conclusión narrativa en Hechos.

Lucas dirigió su obra a Teófilo («el que ama a Dios»), de seguro un mecenas que financiaba la costosa tarea de investigar y escribir un libro de esa extensión. Puede que haya sido un no creyente inquisitivo, pero es más probable que haya sido un creyente que deseaba más instrucción en cuanto al origen de la fe cristiana. Dirigirse a él de forma individual es como una dedicatoria.

SIGNIFICADO Y MENSAJE

La narrativa de Lucas–Hechos afirma que Jesús es el Mesías prometido en las Escrituras del Antiguo Testamento; que su muerte en la cruz no negó esa afirmación porque la muerte y resurrección del Mesías se predijeron en las Escrituras todo el tiempo; que la misión a los gentiles la inició el Espíritu de Dios, se predijo en las Escrituras y era parte del propósito de Dios de llevar la salvación a todo el mundo en los últimos días; y que los judíos y los gentiles que forman la iglesia son el pueblo de Dios (Lucas 24:26, 46). El tema de todo el Evangelio se declara al final del episodio de Zaqueo: «El Hijo del Hombre vino a buscar y a salvar a los que están perdidos» (19:10).

Lucas presenta a Jesús como el Salvador prometido, el Mesías que desciende del rey David. Nació en Belén, la ciudad de David, y reinará para siempre en el trono de David. (1:32-33; 2:4, 11). No logró la salvación por medio del poder y la conquista militares, sino al sufrir el destino de los profetas. Murió como el siervo del Señor y cumplió las promesas del Antiguo Testamento. En Lucas, el tema central de la crucifixión es la inocencia de Jesús. Lo presenta como el siervo sufriente y justo del Señor (ver Isaías 52:13–53:12). A través de su muerte y resurrección, llegó a ser el

Salvador del mundo (Lucas 2:11; Hechos 2:36; 10:36). Sus siervos ahora llevan este mensaje de salvación hasta los lugares más lejanos de la tierra.

Lucas enfatiza la salvación para todos los que creen, en especial con referencia a los que Israel ignoraba: los pobres, los pecadores, los despreciados samaritanos, las mujeres y los gentiles. El lado negativo de haberlos incluido es que muchos en Israel rechazaron el mensaje de Jesús. En Nazaret, cuando anunció que Dios había bendecido a los gentiles en el pasado, la gente se alzó iracunda para matarlo (4:28-30). Ese episodio inició el rechazo de Jesús por parte de su propio pueblo y anticipó la oposición judía a la iglesia. Jerusalén rechazó a su Mesías, y por eso quedó bajo el juicio de Dios (Lucas 13:33-35; 19:41-44). Mientras que muchos en Israel creyeron en el evangelio, aún más lo rechazaron. Israel se dividió, y el evangelio se le dio a los gentiles. Pero Lucas enfatizó que eso no negó el mensaje del evangelio; se predijo en las Escrituras del Antiguo Testamento y fue la continuación de la historia de obstinación y dureza de corazón de Israel (11:29-32, 47-51; 13:34-35; 19:41-44; 23:27-31; Hechos 13:46; 28:25-28; ver también Romanos 9–11).

El Evangelio de Juan

El prólogo de Juan resume la entrada de la Palabra de Dios al mundo (1:1-18). Jesús es bautizado y llama a sus primeros seguidores (1:19-51). Jesús entonces se revela a los judíos (2–4). En una boda en Caná, convierte el agua en vino. En Jerusalén, usa un látigo para sacar del Templo la corrupción y las transacciones monetarias. Debate el significado del renacimiento espiritual con un rabino llamado Nicodemo. En un pozo de Samaria, conoce a una mujer con una historia conyugal llena de altibajos y le ofrece «agua viva» que ningún pozo puede proveer. En festivales judíos, Jesús utiliza antiguos símbolos y prácticas del Antiguo Testamento para revelarse a sí mismo ante el pueblo de Dios (5–10). En el día de descanso, trabaja al sanar a un hombre cojo. En la Pascua, provee pan para cinco mil. En la luz simbólica del Festival de las Enramadas, sana a un hombre ciego.

Luego, Jesús comienza a prepararse para su muerte y resurrección. Llega a Betania, un pueblo al oriente de Jerusalén (11). Su amigo Lázaro ha muerto, y Jesús lo resucita antes de hacer su último llamado al mundo a creer en él y su misión (12). En la última cena de la Pascua, Jesús les revela a sus discípulos las cosas más cercanas a su corazón (13–17). Les habla con franqueza de su muerte y partida hacia el Padre, asegurándoles que no los abandonará. Les promete el regalo del Espíritu Santo y ora por ellos. Después, los lleva al oriente de la ciudad, y atraviesan un valle hacia un huerto de olivos llamado Getsemaní (18). Judas, que había acordado traicionar a Jesús, aparece con soldados romanos y guardias del templo. Arrestan a Jesús y lo llevan ante el concilio supremo judío para que sea interrogado por Anás y Caifás, el sumo sacerdote. En la mañana, los líderes judíos lo llevan ante el gobernador romano, Poncio Pilato, quien pregunta sobre su identidad. Persuadido por los líderes judíos, Pilato decide que crucifiquen a Jesús (19).

Pero Jesús resucita (20). Después, se les aparece a sus seguidores y los anima. Les da el Espíritu Santo y los comisiona para que lo representen ante el mundo. Les da instrucciones y les recuerda su poder (21).

CONTEXTO

A finales del primer siglo d. C., una pequeña comunidad de cristianos vive en la antigua Éfeso. Han escuchado la noticia extraordinaria sobre Jesús por medio del apóstol Pablo. Pronto debaten sobre Jesús con los rabinos de las sinagogas locales. ¿Fue Jesús en verdad el Hijo de Dios? ¿Cómo puede ser el Mesías? ¿Pueden los cristianos afirmar legítimamente ser «hijos de Abraham»? ¿Puede alguien demostrar que Jesús fue enviado por Dios como afirmó? Las tensiones aumentan. Las pequeñas iglesias crecen al lado de las sinagogas y más judíos se convierten. La oposición es inevitable.

AUTORÍA

Juan no da evidencia explícita en cuanto a su autor, pero la figura enigmática del «discípulo amado» proporciona pistas claras (ver 13:23; 19:26-27; 20:2-10; 21:7, 20-24). Este Evangelio se debe relacionar con él porque es identificado como la fuente de testimonio presencial de este registro (19:35; 21:20-24).

¿Quién fue? Comenzando en el 125 d. C., los líderes de la iglesia primitiva escribieron que era el apóstol Juan, hijo de Zebedeo, quien vivió en Éfeso al escribir este Evangelio (ver, p. ej., Eusebio, *Historia de la iglesia* 3.23). Fue uno de los doce y, junto con Santiago (su hermano) y Pedro, forma parte de un círculo íntimo que rodeó a Jesús (ver p. ej., Mateo 26:36-37; Marcos 5:37; 9:2). Este Evangelio refleja esta perspectiva cercana. La mayoría de los eruditos creen que Juan terminó de escribir alrededor del 90 d. C.

CARÁCTER LITERARIO

Es muy probable que Juan haya escrito para los cristianos judíos en Éfeso, Asia Menor y el mundo mediterráneo. Ellos quedaron atrapados entre las culturas judía y griega, y es posible que su comprensión del judaísmo se hubiera estado desvaneciendo.

El conocimiento de Juan sobre Palestina y el judaísmo se refleja en todo su Evangelio, pero él suponía que su audiencia no estaba familiarizada con algunos detalles del mundo de Jesús pero sí con las tradiciones, los conceptos y los festivales judíos. Es probable que también hayan estado familiarizados con la historia básica que se presenta en el Evangelio de Marcos.

SIGNIFICADO Y MENSAJE

El deseo de Juan era que sus seguidores creyeran que Jesucristo es el Hijo de Dios (Juan 20:31). Se dio cuenta de que no habían tenido el privilegio de ver las muchas señales y milagros de Jesús como él lo había hecho (20:29). La autoridad y profunda experiencia de Juan con Jesús resuenan en cada historia que cuenta. Como testigo de la vida de Jesús, Juan oyó, vio y tocó la Palabra de vida y fue una fuente valiosa de muchas de las historias únicas en este Evangelio (19:35; ver 1 Juan 1:1-4).

Juan registró las descripciones que Jesús hizo acerca de su naturaleza, origen y relación con el Padre. Jesús afirmó tanto su unidad con el Padre y su unidad de propósito como su carácter distintivo personal (5:17; 8:42; 10:30; 14:9-10, 28; 17:1-5). Jesús incluso usa el mismo título («Yo Soy») que Dios en el Antiguo Testamento, afirmando así su propia deidad (ver 8:58; 18:4-5; Éxodo 3:13-14). En él, vemos la gloria de Dios en un ser humano. Y aunque Jesús fue perseguido, juzgado y crucificado, la luz no se puede extinguir. Su propósito al revelar a Dios es redimir a las personas (1:4). Quienes aceptan la revelación y redención de Cristo con fe obtendrán vida eterna.

Juan enfatiza que la adoración debe ser «en espíritu y en verdad», con el impulso y la instrucción del Espíritu de Dios (4:24). La adoración que se enfoca solo en los elementos individuales y no está acompañada del Espíritu de Dios no vale nada (ver 6:63). El evangelio de Dios enfatiza la actividad del Espíritu Santo como una característica central de la experiencia humana de Jesús y de nuestra vida (3; 4; 7; 14; 16). El poder transformador del Espíritu de Dios es una marca distintiva del discipulado genuino. Dios envió a Jesús al mundo a proclamar su gloria y a testificar de la Buena Noticia de redención (8:18). Después de su partida, el Hijo continuó la misión por medio del Espíritu, quien, a su vez, llenaría la iglesia y les daría poder a los creyentes para que cumplieran la misión de Jesús en el mundo (16:5-11; 20:20-23; Mateo 28:18-20; Hechos 1:7-8).

Los primeros cristianos anticipaban el regreso de Cristo, y Juan afirma esta anticipación. Pero, mientras tanto, los creyentes pueden experimentar la anhelada presencia de Jesús en el Espíritu. El anuncio de Jesús sobre el Espíritu hace eco del lenguaje de su propia segunda venida (ver 14:15-26). De una manera vital, Jesús ya está con nosotros en el Espíritu, y seguimos con ilusión a la espera de su regreso personal al final de la historia.

El libro de los Hechos

Los apóstoles y otros seguidores de Cristo, llenos del Espíritu Santo, han recibido poder para llevar a cabo la gran comisión (Mateo 28:18-20). Hechos destaca específicamente los ministerios de Pedro (Hechos 1:1–12:25) y Pablo (13:1–28:31). El mensaje cristiano y la comunidad de creyentes se ha difundido en Jerusalén, en Palestina y en Siria, y en el mundo gentil a lo largo y ancho del Imperio romano (1:1–12:25; 13:1–28:31). La palabra final del texto griego de Hechos (*akólutós*, «sin impedimento», en 28:31) recuerda la difusión del evangelio sin impedimento a los judíos, a los samaritanos, a los «temerosos de Dios» y a los gentiles (3:1–5:42; 6:1–8:40; 9:32–11:30; 13:1–28:31).

CARÁCTER LITERARIO

Hechos describe a las personas, los lugares y los acontecimientos involucrados en la difusión de la Buena Noticia. Como historiador helenista responsable, Lucas usó buenos métodos históricos y describió sus procedimientos a detalle, mostrando así interés en escribir un relato exacto y ordenado de la verdad de los orígenes cristianos (Lucas 1:1-4). El material se presenta con cuidado y precisión, y la exactitud de la información a menudo se ha confirmado con la arqueología, la geografía y los estudios relacionados (p. ej., 11:28; 18:2). Lucas ha combinado la exactitud histórica y los detalles con un don para hacer descripciones de manera vívida y dramática (p. ej., 5:17-32; 12:1-17; 14:8-20; 16:11-40; 27:1-44). También sigue un bosquejo geográfico, mostrando cómo el mensaje se llevó de Jerusalén a Roma (1:8; 9:15).

Como biografía, Hechos destaca los ministerios de Pedro y Pablo. Junto con Santiago, fueron las figuras principales que dirigieron el movimiento cristiano primitivo. Esteban, Felipe y Bernabé también desempeñan un papel importante. Los poderosos discursos de Pedro, Esteban, Santiago y Pablo marcan Hechos (2:14-40; 7:2-53; 15:13-21; 22:3-21). Los diversos estilos literarios del libro encajan con los entornos culturales de una manera extraordinaria.

SIGNIFICADO Y MENSAJE

Hechos da ejemplos claros de cómo los líderes cristianos proclamaron la Buena Noticia a audiencias distintas. Muestra que el evangelio está disponible no solo para los judíos, sino también para los gentiles, y no solo para los hombres, sino también para las mujeres (2:8-11; 5:14; 8:12, 26-40; 10:1–11:18; 16:13-15; 17:4, 12, 34; 18:26; 21:9). Los apóstoles proclamaron que la muerte y la resurrección de Jesús eran el plan de Dios como cumplimiento de las Escrituras (2:22-36; 3:15; 4:27-28, 33; 7:52;

8:32-35; 10:38-43; 13:26-39). Jesús fue el elegido para redimir a la humanidad, por lo que el mensaje de los apóstoles era: «Cree en el Señor Jesús y serás salvo» (16:31). Dios ofrece su gracia y su perdón a todos, y «hay paz con Dios por medio de Jesucristo, quien es Señor de todo» (10:36).

Hechos también presenta una defensa firme de la fe cristiana ante los judíos y los gentiles (4:8-12; 7:2-53; 24:10-21; 26:1-23). Lucas sostiene que el cristianismo tiene el derecho a la misma protección que goza el judaísmo como una *religio licita* («religión permitida») y que no representa ningún peligro para el estado romano (18:14-16; 19:37; 23:29; 25:25; 26:32).

Hechos muestra que la fe cristiana cumple verdaderamente las promesas de Dios de las Escrituras hebreas (2:16-36; 4:11-12; 10:42-43; 13:16-41; 17:30-31; ver Lucas 24:25-27, 44-47). También demuestra que Cristo trajo salvación, que la oración hace que el reino de Dios avance y que el Espíritu Santo capacita y equipa al pueblo de Dios para que lleve a cabo su misión (1:8, 12-15; 2:1-4; 4:8, 24-31; 6:3, 5, 10; 7:55; 8:35; 10:36; 11:24; 12:5; 13:9, 52; 16:17, 30-31).

Finalmente, el libro de Hechos demuestra que ninguna oposición puede impedir que la Buena Noticia de Jesucristo se difunda. Aunque sus mensajeros enfrentaron encarcelamiento, daño físico e incluso la muerte, el mensaje se difundió desde un pequeño grupo que se reunió en una habitación en Jerusalén a los judíos y a los gentiles esparcidos a lo largo del mundo romano.

La carta a los romanos

Pablo se identifica a sí mismo e identifica a sus lectores, expresa gratitud por los cristianos romanos y presenta el tema de la carta: la «Buena Noticia acerca de Cristo». Pero antes de profundizar en ella, presenta el contexto oscuro de la pecaminosidad humana universal que hace que la Buena Noticia sea necesaria. Tanto los gentiles como los judíos se han alejado de la revelación que Dios ha hecho de sí mismo (1:18-32; 2:1–3:8). Pero la Buena Noticia revela una nueva manera de «cómo podemos ser justos» ante Dios.

En 3:27–4:25, Pablo resalta la naturaleza y centralidad de la fe. Muestra que excluye la jactancia y permite que tanto judíos como gentiles tengan acceso equitativo a la gracia de Dios en Cristo (3:27-31). Desarrolla estos mismos puntos haciendo alusión a Abraham (4).

En los capítulos 5–8, Pablo discute la garantía o la seguridad de la salvación, la cual se basa en cómo Jesucristo más que revirtió los efectos terribles del pecado de Adán (5:12-21). Ni el pecado ni la ley pueden impedir que Dios logre sus propósitos para el creyente (6–7). El Espíritu Santo libera a los creyentes de la muerte y les asegura que el sufrimiento no los alejará de la gloria a la que Dios los ha destinado (8:1-39).

La Buena Noticia solo puede ser «buena noticia» en verdad si el mensaje de Cristo está en continuidad con las promesas de Dios del Antiguo Testamento. Pero la incredulidad de tantos judíos podría parecer mostrar que las promesas de Dios a Israel no se están cumpliendo (9:1-5). Por lo tanto, en los capítulos 9–11, Pablo demuestra cómo Dios permanece fiel a sus promesas.

La Buena Noticia rescata al pueblo del castigo del pecado, y también transforma la vida de la persona. En 12:1–15:13, Pablo dirige su atención al poder transformador de la Buena Noticia. Esa transformación exige toda una nueva forma de pensar y de vivir (12:1-2). La vida transformada se desarrollará en la armonía de la comunidad, en las manifestaciones de amor y en la sumisión al gobierno (12:3-21; 13:1-7; cp. 13:8-10). La vida transformada obtiene su poder de la obra que Dios ha hecho y encuentra su apremio en el trabajo que aún tiene que hacer (13:11-14).

En 14:1–15:13, Pablo aborda un problema de la iglesia de Roma. Al final, Pablo menciona su ministerio y planes de viaje, saluda y elogia a los colaboradores y a otros cristianos, y concluye con referencias adicionales a colaboradores, una advertencia y una doxología (15:14-33; 16:1-27).

CONTEXTO

En el 49 d. C., el emperador Claudio expulsa a todos los judíos de Roma (ver Hechos 18:2). Aunque Pablo no ha visitado, conoció en sus viajes a algunos de los cristianos romanos, como Priscila y Aquila (Romanos 1:13; 16:3-4; cp. Hechos 18:2). Para cuando Pablo escribió su carta a los Romanos, el decreto de Claudio ha caducado y muchos cristianos judíos han regresado a Roma. Sin embargo, cristianos gentiles han tomado el liderazgo en la comunidad cristiana. Cuando Pablo les escribe a los cristianos romanos (de seguro c. 57 d. C.), la comunidad está dividida en dos facciones principales. Los cristianos gentiles conforman el grupo mayoritario y están menos interesados en la continuidad del Antiguo Testamento o las exigencias de la ley de Moisés (ver Romanos 11:25). La minoría de cristianos judíos han reaccionado al insistir en la adherencia a ciertos aspectos de la ley de Moisés.

SIGNIFICADO Y MENSAJE

Habiendo «presentado con toda plenitud» la Buena Noticia a la cuenca mediterránea oriental (15:19), Pablo está listo para predicar la Buena Noticia en un territorio nuevo. Aprovecha para resumir en una carta su teología como la ha forjado, en medio de controversia y pruebas, durante veinticinco años. También busca recaudar apoyo de los cristianos romanos para su nueva misión en España. La «iglesia enviadora» de Pablo, Antioquía, está a miles de kilómetros de España. Es probable que Pablo haya enviado este tratado teológico denso a Roma porque quería explicar quién era y qué creía. Ya que su mensaje a menudo se ha malinterpretado, llegó a ser una figura controversial en la iglesia primitiva. Sin duda consciente de que algunos cristianos de Roma no confían en él, busca proporcionar una defensa cuidadosa y razonada de su postura en cuanto a algunos de los asuntos más debatidos de la fe.

Pablo también escribió para sanar el distanciamiento en la comunidad cristiana de Roma. Presenta la Buena Noticia como la ha llegado a entender. El mensaje de la cruz permanece tanto en continuidad con el Antiguo Testamento (porque sus promesas se cumplen verdaderamente en Cristo) como en la discontinuidad con él (ya que Dios, en Cristo, inaugura un nuevo pacto que trasciende la ley del Antiguo Testamento).

Las cartas a los corintios

En 1 Corintios, Pablo trata un amplio rango de problemas y preguntas, algunos un reflejo de los problemas de la ciudad. Su consejo refleja los principios fundamentales de su perspectiva de la vida cristiana, principios arraigados en la Buena Noticia. Pablo aborda la crítica de su enfoque no intelectual al evangelismo; un caso de flagrante inmoralidad sexual en la iglesia; la práctica de llevar a otros creyentes al tribunal ante jueces paganos; problemas de inmoralidad sexual; preguntas sobre el matrimonio, el divorcio y el permanecer solteros; si a los creyentes se les permite comer carne sacrificada a ídolos paganos; la vestimenta apropiada para las mujeres que ministran en público; el comportamiento irreverente e irrespetuoso al recibir la Cena del Señor; perspectivas distorsionadas sobre los dones espirituales y su práctica; y escepticismo en cuanto a la futura resurrección de los muertos (1:1–4:21; 5:1-13; 6:1-20; 7:1-40; 8:1–11:1; 11:2-34; 12:1–14:40; 15:1-58).

Segunda de Corintios surge de los desafíos a la autoridad apostólica de Pablo y la infiltración de falsos maestros. Pablo entonces esboza su entendimiento del servicio cristiano (1–6). También explica cómo llegó a escribir sus cartas a Corinto, revela los principios de dar y de mayordomía al discutir la colecta para la iglesia de Jerusalén, y defiende su trabajo apostólico en contra de aquellos que denigraban su estatus debido a sus debilidades (7–13).

CONTEXTO

Pablo llega por primera vez a Corinto durante su segundo viaje misionero (c. 50 d. C.; ver Hechos 18:1-20). Al darse cuenta de que la ciudad es estratégica para sus esfuerzos evangelísticos, permanecerá por dieciocho meses (50–52 d. C.; ver Hechos 18:1-17). La ciudad, antigua incluso en su época, fue un centro económico y urbano fuerte y bien poblado de los años 500 a. C. Los romanos la conquistaron y destruyeron en el 146 a. C. Fue reconstruida un siglo después como una colonia romana y poblada, en gran parte, por antiguos esclavos romanos. Obtuvo la notoriedad de una ciudad portuaria y era ampliamente conocida por la prostitución y otros vicios. No sorprende que tales problemas se hayan abierto paso en la joven iglesia (ver 1 Corintios 5:1-13; 6:12-20). Bajo la ocupación romana, se ha convertido en una ciudad de hermosos edificios, tiendas, teatros y casas. Su comercio ha producido mucha riqueza y la ciudad ha prosperado. La agricultura también ha sido clave para su prosperidad (ver 3:6-9; 9:7, 10; 2 Corintios 9:6-10). Es una ciudad cosmopolita, con tanto romanos, griegos, judíos y otros grupos étnicos de todo el Mediterráneo como visitantes internacionales de paso. Cuando los judíos llevan a Pablo al tribunal por quebrantar la ley, el gobernador Galión rechaza el caso porque es una disputa religiosa. Dada la libertad de evangelizar, Pablo logra varios convertidos e inicia una iglesia. Los convertidos, a quienes Pablo considera sus hijos, son multiétnicos, lo cual de seguro es un factor en sus tensiones (ver 1 Corintos 1:10-12; 3:1-4; 4:15; 2 Corintos 6:13; 12:14). En el clímax de su listado de pruebas de 2 Corintios 11:23-28, Pablo escribe: «A diario llevo la carga de mi preocupación por todas las iglesias». Ninguna congregación parece haber preocupado más a Pablo que la iglesia de Corinto.

AUTORÍA

Se acepta ampliamente a Pablo como escritor de 1 Corintios. Sin embargo, algunos cuestionan la autenticidad de 14:34-35. En línea con la práctica común del mundo antiguo, Pablo hizo uso de un amanuense (escriba) para que escribiera la carta (ver 16:21). Y nadie ha desafiado seriamente la autoría de Pablo de 2 Corintios. La única excepción es que 6:14–7:1 a veces se considera una inserción no paulina, tal vez de una secta, ya que su terminología es similar a la de los Rollos del mar Muerto. Pero lo más probable es que sea una digresión o que se haya tomado de otra de las cartas de Pablo a Corinto.

SIGNIFICADO Y MENSAJE

En 1 Corintios, Pablo trata con los problemas de las iglesias desde un punto de vista totalmente cristiano, arraigado en la Buena Noticia de la gracia de Dios. En su pensamiento, el comportamiento cristiano está fundamentado en la teología cristiana, en el mensaje de Cristo y en la cruz. El consejo que da sobre la vida cristiana no es solo pragmático, sino que se basa en la relación de los creyentes con Cristo. Su propia vida práctica se ha visto revolucionada con su experiencia de la gracia de Dios en Cristo. Para Pablo, el comportamiento cristiano es una reacción de gratitud a la misericordia y gracia de Dios, la cual se muestra en Cristo y se expresa en la Buena Noticia. Toda la vida del creyente debe expresar devoción a Dios y amor a los demás (ver 10:31-33). Este es el equivalente de Pablo a los dos grandes mandamientos de amor de Jesús (Mateo 22:36-40; Lucas 10:25-37). Vemos con claridad cómo Pablo aplica estos principios perdurables a un amplio rango de problemas prácticos. Pablo también enfatiza que el verdadero poder radica en el mensaje de la gracia de Dios y en el poder renovador y transformador del Espíritu de Dios. La conversión no se trata de que una persona cambie la mente de otra persona, sino de que Dios cambie su corazón.

La unidad entre los creyentes es un tema importante a lo largo de 1 Corintios. Pablo entiende que la iglesia es un cuerpo dinámico guiado por el Espíritu, formado por partes distintas, cada una con su propio trabajo único que debe hacer (12; 14). Unidos como miembros del cuerpo de Cristo por un compromiso común con él como Señor y por la experiencia compartida del Espíritu de Dios, los cristianos deben vivir en unidad. Pablo resalta la importancia de relacionarse con amor sacrificial, la clase de amor que Cristo mismo mostró.

Pablo tiene un alto concepto del matrimonio y se opone firmemente al divorcio. Pero en vista del ambiente difícil para los cristianos del primer siglo d.C. y su opinión del regreso inminente de Cristo, Pablo anima a los solteros a permanecer así y ver la soltería como una oportunidad de darle una devoción completa a la obra de Cristo en el mundo (ver 7:25-35). Ser casado o soltero no son fines en sí mismos, sino formas alternativas de participar en el propósito más importante de servir a Cristo.

Entre los escritos del Nuevo Testamento, 1 Corintios nos da la discusión más completa de la resurrección, incluso el relato más completo de aquellos que vieron al Jesús resucitado, la base de la futura resurrección y la naturaleza de los cuerpos resucitados (15).

Segunda de Corintios es un documento muy humano que abre una ventana a la vida interna de Pablo. Ha sido llamada la carta más personal de Pablo. En Corinto estaba en riesgo la esencia de la Buena Noticia como se expresa en el camino de la cruz. La experiencia de sufrimiento y debilidad de Pablo como apóstol ha sido, en la opinión de los cristianos de Corinto, una aparente contradicción de su autoridad. Pero la esencia de la Buena Noticia es que las personas acepten el sufrimiento de otra persona (de Cristo) por ellas. Sufrir por el nombre de Cristo es una parte necesaria del servicio cristiano, aunque es difícil soportar cuando recibimos ofensas de otros cristianos (1:1-24; 2:1-17). El mensaje de la Buena Noticia da vida en el Espíritu y salvación de Dios, y reemplaza la religión del antiguo pacto, aunque tiene continuidad con él (3:1-18). El poder del mensaje se muestra a través de la debilidad de los siervos de Dios (4:1-18) y se centra en la muerte del Hijo de Dios, por la cual se nos restaura al favor de Dios (5:1-21). La vida cristiana se destaca por la devoción y la dedicación que distingue a los creyentes de los males del mundo (6:1-18).

Pablo explica y describe las responsabilidades y los privilegios del líder. El mensaje de la Buena Noticia, la cual trae reconciliación, es nuevo y se tiene que validar por medio del estilo de vida de quienes lo proclaman (3:1-18; 5:1-21). El mensaje se debe aplicar en vista de la situación actual: la gente carece de armonía con Dios debido al pecado, por lo que Dios ha actuado en respuesta a la necesidad humana. Dios, en Cristo, ha tratado con el problema del pecado y el aislamiento al convertirse en ser humano y llevar nuestro pecado sobre sí mismo en la cruz. Por medio de Cristo, se nos restaura a una relación de paz y aceptación con Dios. Se nos insta a que nos reconciliemos con Dios y a mantener nuestra reconciliación con él (5:20). Esta relación tiene que mantenerse a lo largo de toda la vida, lo cual implica tener lealtad a la Buena Notica como Pablo la proclama y separación de los males morales, como aquellos que asolan a Corinto.

A lo largo de esta carta, hay un llamado a la vida santa. Las dos imágenes que dominan son de la iglesia como templo y como novia (6:14–7:1; 11:2). Ambas imágenes hablan de pureza y dedicación: el templo es el lugar santo donde se adora a Dios, por lo que su pueblo debe consagrarse a esa tarea, y la novia de Cristo debe ser fiel a su esposo.

Pablo también enfatiza la necesidad de dar con generosidad (8:1–9:15). Quienes están en conflicto en Corinto tienen que considerar las necesidades de los demás, en especial de los creyentes judíos golpeados por la pobreza en Jerusalén. El Señor Jesucristo encarnado es nuestro modelo supremo de dar con sacrificio (8:9).

La carta a los gálatas

La tesis de Pablo es que la buena noticia que predica es la única Buena Noticia, él es un apóstol genuino de Cristo y sus oponentes sufrirán el juicio de Dios por su falso mensaje (1:1, 6-10). Pablo les recuerda a los gálatas la clase de persona que solía ser y relata su experiencia de conversión y su llamado de Dios (1:13-16).

Ya que los gálatas han experimentado el Espíritu por fe, experimentarán la misma bendición que Abraham (3:1-9). En contraste, tratar de ser justos por cumplir la ley solo acarrea maldición (3:10-12). Cristo nos rescató de esa maldición y puso la bendición de Dios a disposición de todos los que tienen fe en él (3:13-14). La promesa de Dios a Abraham muestra que la promesa se da con base en la fe, no en la ley (3:15-18). El propósito de la ley es traer consciencia del pecado y señalar a Cristo y a la fe en él (3:19-22). Confiar en la ley de nuevo es un regreso terrible a la esclavitud (4:8-20).

Finalmente, Pablo les muestra a los gálatas que la libertad cristiana no es una licencia para pecar, sino el único camino para vencer el pecado, para vivir en el amor de Cristo y para experimentar el poder del Espíritu (5:13–6:10). La libertad proporciona una oportunidad de amar en lugar de pecar, y la única forma de vencer el pecado es vivir por el poder del Espíritu Santo (5:13-18). Vivir por el esfuerzo humano no puede vencer el pecado porque la naturaleza pecaminosa solo puede producir acciones pecaminosas (5:19-21). En contraste, vivir en el poder del Espíritu Santo produce buen fruto (5:22-23). Pablo da varios ejemplos de la guía del Espíritu en la vida de los hijos de Dios (5:24–6:10).

Pablo termina con una posdata de su propia mano (6:11-18). Vuelve a apelar a la cruz de Cristo, reitera su mensaje, dispensa la misericordia y paz de Dios a quienes siguen su enseñanza, reafirma su autoridad apostólica y termina con una bendición que extiende «la gracia de nuestro Señor Jesucristo».

CONTEXTO

Cuando Pablo y Bernabé partieron de Antioquía de Siria en su primer viaje misionero, cruzaron el extremo nororiental del mar Mediterráneo, pasando por Chipre, a través de los montes Tauro de Panfilia, y hacia el sur de la provincia romana de Galacia. Allí establecieron iglesias en Antioquía de Pisidia, Iconio, Listra y Derbe (Hechos 13:13–14:28). Muchos creyeron la Buena Noticia, pero el mensaje también despertó oposición y persecución. Ambos regresaron a Antioquía de Siria e informaron acerca de lo que Dios había logrado «y cómo él también había abierto la puerta de la fe a los gentiles» (Hechos 14:27).

Pero algunos cristianos judíos siguen creyendo que los gentiles deben practicar el judaísmo para ser cristianos. Algunos de ellos (a menudo llamados «judaizantes») han ido a Galacia y afirman que la enseñanza de Pablo acerca de la Buena Noticia no es adecuada. Declaran que han aprendido la Buena Noticia de los «verdaderos» apóstoles en Jerusalén y afirman que Pablo ha cambiado el mensaje con una versión del evangelio que no ha recibido la aprobación de los apóstoles. Sostienen que el evangelio de Pablo libre de ley está incompleto, y afirman que el verdadero requiere que los gentiles se circunciden y cumplan otros aspectos de la ley.

AUTORÍA

Gálatas siempre ha sido reconocida como carta genuina de Pablo. Armoniza bien con el relato de la misión de Pablo en Hechos y las demás cartas, y refleja de manera auténtica el conflicto de Pablo con los cristianos judíos.

SIGNIFICADO Y MENSAJE

El problema que surgió en Galacia era común en la iglesia del primer siglo d.C., y sigue siendo un problema en la iglesia de hoy. ¿Somos en verdad salvos por la obra de Jesucristo en la cruz, o se necesita de algo más de nuestra parte? Esta carta establece la plenitud de la Buena Noticia: la salvación está disponible a todos por fe en el Señor Jesucristo y no por cumplir la ley. También establece la unidad del pueblo de Dios: no existe división entre judíos y gentiles o entre otras clases de personas. Todos llegamos a Dios y obtenemos vida nueva por el mismo medio: a través de la fe en Cristo. Gálatas establece nuestra libertad en Cristo: cumplimos la ley de Cristo no por el esfuerzo humano, sino por vivir en fe y amor por el Espíritu Santo. Finalmente, la carta establece nuestra necesidad de la gracia de Dios, que nos rescata de la maldición del pecado, nos da vida nueva y el Espíritu Santo prometido, y nos hace hijos de Dios, empoderados para cumplir la ley del amor de Cristo.

La carta a los efesios

Pablo resume la Buena Noticia y enfatiza que es tanto para gentiles como judíos (1–3). También da instrucciones prácticas de cómo vivir en respuesta (4–6). Él ora que Dios les dé entendimiento espiritual para comprender toda la profundidad de todo lo que él ha hecho por ellos (1:15-23). Ora también que Dios les dé poder espiritual, que los fortalezca en su fe y amor, que les permita entender el amor salvador de Cristo por completo y que los llene de la vida y el poder de Dios mismo (3:14-21).

Como respuesta, deben vivir una vida de humildad, gracia y amor, una vida digna de su llamado, usando sus dones dados por Dios para edificar el cuerpo de Cristo (4:1-16). Deben alejarse de la oscuridad de su antiguo comportamiento pecaminoso y vivir como hijos de la luz. Llenos de bondad y amor en el Espíritu Santo, y siguiendo el ejemplo de Cristo, su vida debe agradar a Dios en todo (4:17–5:20).

Todas sus relaciones —entre esposos y esposas, padres e hijos, amos y esclavos— deben caracterizarse por el respeto y el amor mientras viven para Cristo (5:21–6:9). Finalmente, se les advierte que tomen la armadura de Dios para protegerse del diablo (6:10-20). Pablo concluye con palabras personales y una bendición (6:21-24).

CONTEXTO

A Pablo le preocupa la idea de que los cristianos gentiles son inferiores o distintos a los cristianos judíos y no del todo parte del «nuevo Israel» de Dios. No está claro qué dio origen a esta mala interpretación, pero refleja las tensiones étnicas tradicionales entre los judíos y los gentiles en todo el mundo romano. Pablo también está preocupado por la falta de conocimiento de que el pueblo de Dios debe vivir de manera diferente al mundo que lo rodeaba. Pablo entonces escribe una carta desde la cárcel. Como padre espiritual y alguien comisionado por Dios para llevarles la Buena Noticia a los gentiles, a Pablo le interesa que los nuevos creyentes tengan una correcta comprensión de todo lo que Dios les ha dado en Cristo y de la clase de vida que deben vivir en respuesta.

AUTORÍA

Tradicionalmente, Efesios se le atribuye a Pablo dadas las otras cartas desde la prisión (Filipenses, Colosenses y Filemón). Sin embargo, el vocabulario, el estilo, la forma, el entorno, el propósito y el énfasis teológico han llevado a algunos a pensar que Efesios fue escrito por un discípulo posterior de Pablo. Otros consideran que fue una carta original de Pablo que un editor posterior reescribió. Pero la carta no es incompatible con el pensamiento y el estilo de Pablo y no hay razón convincente para negar que la haya escrito.

SIGNIFICADO Y MENSAJE

Efesios está lleno de gratitud por la gracia salvadora que Dios les ha mostrado a quienes creen en Jesucristo. Han sido elegidos, perdonados, llamados a su familia, hechos sus hijos, y se les ha prometido sus bendiciones eternas y dado los dones del Espíritu Santo que los ha sellado como propiedad de él para siempre (Efesios 1:3-14). Saben que han sido llamados a alabar a Dios para siempre por su maravillosa gracia (Efesios 1:6, 12, 14). Además, el maravilloso plan de Dios es incluir a los gentiles en su familia (ver Efesios 2:11–3:6). Las distinciones étnicas no significan nada para él, y no deberían significar nada para el pueblo de Dios (cp. Gálatas 3:28). La identidad de uno se define solo por la fe en Cristo.

Este conocimiento de la gracia se intensifica con el contrastante énfasis en el pecado y el juicio de Dios sobre él. Cada ser humano es culpable y está condenado ante el juicio eterno de Dios. Aparte de Cristo, los seres humanos son impulsados por el pecado y están sujetos al diablo. El evangelismo, por lo tanto, es urgente (ver Marcos 16:15-16; cp. Romanos 9:1-3; 10:1).

En Efesios 4–6, Pablo nos da una bella imagen de cómo vivir la vida cristiana. Los creyentes deben alejarse de la oscuridad de su vida anterior y, llenos del Espíritu Santo, vivir como gente nueva de luz (Efesios 5:9). Su vida debe estar llena de pureza y de alabanza y agradecimiento a Dios (ver Efesios 4:17–5:20). Deben llegar a ser semejantes a Cristo y reflejarlo en todo (ver Efesios 4:13, 15; Romanos 8:29).

Finalmente, Efesios 6:10-20 da los relatos más completos del Nuevo Testamento de cómo los cristianos se deben proteger en su guerra contra el diablo, usando las armas que el Señor proporciona. Todas las armas, excepto la espada de doble filo, son armas defensivas. Aunque la oposición del diablo se debe tomar en serio, la perspectiva de Pablo de la vida cristiana no se centra en la guerra espiritual en un sentido agresivo u ofensivo.

La carta a los filipenses

Pablo afirma su gratitud a Dios por los filipenses y ora por su crecimiento espiritual (1:1-11). Su mayor deseo es vivir y morir por Cristo sin importar la situación (1:20-26). Los filipenses también deben ser firmes en su fe al sufrir por Cristo y apoyarse unos a otros con afecto, recordando el ejemplo de Cristo (1:27-30; 2:1-18). Pablo les advierte de la propaganda judío-cristiana que requería adherirse a la ley de Moisés (3:1-3). Pablo anima a los filipenses a llenar su vida de alegría, oración y acción de gracias, y a enfocar su mente en los buenos regalos de Dios, incluso en medio de la persecución (4:2-9). Les dice que ha aprendido a estar contento independientemente de sus circunstancias, y da a entender que ellos deben aprender a vivir así también (4:1-20). Pablo termina su carta con una alabanza a Dios, saludos a los creyentes y una invocación de la gracia de Dios (4:21-23).

CONTEXTO

Cuando Filipos escuchó la Buena Noticia por medio de Pablo (durante su segundo viaje misionero), se opuso. Pablo fue llevado a la cárcel, y luego le pidieron que se fuera de la ciudad, pero aun así se estableció un pequeño grupo de creyentes (Hechos 16:35-40).

SIGNIFICADO Y MENSAJE

Desde la cárcel, Pablo les escribe a los cristianos que experimentan oposición, animándolos a imitar su vida y actitudes y reaccionar de manera similar en su situación. Así, nos muestra que una vida cristiana de alegría, paz, contentamiento, oración, acción de gracias y devoción a Cristo puede trascender toda circunstancia. Incluso en la cárcel, no se avergüenza, sino que se alegra de que la Buena Noticia se haya esparcido más, y puede decir que su deseo más profundo es estar lleno de la vida de Cristo. Desea ser valiente para Cristo sin importar las consecuencias porque sabe que ha sido llamado a vivir para Cristo, y se siente privilegiado al sufrir por él (ver 1:12-26). Pase lo que pase, Pablo será resucitado de los muertos un día al igual que Cristo (3:7-14). Anima a los filipenses a estar llenos de alegría en el Señor en medio de la oposición. No deben preocuparse por nada, sino orar por todas sus necesidades con el corazón lleno de gratitud a Dios. Así, experimentarán la profunda paz de Dios (ver 4:4-9).

La carta a los colosenses

Después de sus saludos, Pablo expresa agradecimiento (1:1-14). Para explicar su punto teológico clave, cita y adapta un himno acerca de la supremacía de Cristo, y luego hace una aplicación práctica antes de discutir su propio ministerio como apóstol de los gentiles (1:15–2:5). Después regresa a su punto principal, e insta a los colosenses a mantener su lealtad a Cristo Jesús, el único que provee para su vida espiritual (2:6-15). Esta sección teológica concluye con una advertencia a no preocuparse con las reglas como el medio para la plenitud espiritual (2:16-23). La parte más práctica comienza con un llamado general a dejar el pecado y a aceptar la vida nueva en Cristo (3–4). Pablo da instrucciones para la comunidad cristiana y la vida familiar (3:12–4:1). Concluye con una exhortación a la oración y observaciones sobre los colaboradores y otros cristianos (4:2-18).

CONTEXTO

Pablo menciona a Epafras como quien llevó la Buena Noticia a los colosenses por primera vez (1:7). Es probable que Epafras se haya convertido durante el ministerio de tres años de Pablo en Éfeso. Colosas es un centro comercial importante en uno de los caminos romanos principales de la región, por lo que de seguro ha sido expuesta a ideas de muchas religiones y filosofías. Al igual que muchas falsas enseñanzas, la «herejía colosense» de seguro es una mezcla de varias actitudes e ideas en el aire de la época. Visitando a Pablo en la cárcel, Epafras le cuenta a Pablo sobre las dificultades de la joven iglesia (4:12). Le preocupan en especial unos falsos maestros que enfatizan la importancia de los «gobernantes y [...] autoridades espirituales» y los «poderes espirituales de este mundo», restándole así valor a la preeminencia de Cristo (2:8, 15, 20).

SIGNIFICADO Y MENSAJE

No podemos identificar a los falsos maestros o los detalles de su enseñanza en particular, pero podemos observar algunas características: Parece que insistían en guardar el día de descanso y los festivales de la luna nueva, lo que sugiere algo de influencia judía en su punto de vista; estaban preocupados en seguir varias reglas, en particular las concernientes al cuerpo (ascetismo); y enfatizaban a los seres espirituales, algo típico de muchos movimientos religiosos del período (2:16). El problema básico está claro: la enseñanza no considera a Cristo como el centro y origen de toda experiencia religiosa. Cualquier enseñanza o filosofía que no lo haga no es la Buena Noticia.

Así que Pablo lleva a una iglesia cristiana joven de vuelta al mensaje de la Buena Noticia acerca de Cristo. Para contrarrestar la influencia de la falsa enseñanza, Pablo insiste que Cristo es supremo sobre todos los seres de la creación espiritual y física. En Jesús reside la plenitud misma de Dios, y es la única fuente suprema de crecimiento espiritual, el centro desde el cual toda la experiencia espiritual debe propagarse (2:19). Los falsos maestros derivan su énfasis en las reglas de cualquier otra cosa aparte de Cristo, y eso significa que las reglas no pueden producir beneficio espiritual (2:23). En este caso, argumenta Pablo, adición significa sustracción: tratar de agregarle cualquier cosa a Cristo implica sustraer el poder que solo él da para vivir la vida cristiana. Como Cristo nos ha reconciliado con el Dios en quien ahora vivimos, Cristo suple todas nuestras necesidades espirituales. No necesitamos a nadie ni nada más para la plenitud espiritual verdadera.

Pablo insta a los colosenses a evitar darles demasiada importancia a las prácticas rituales (2:16-23). Más bien, deben identificarse con Cristo en su muerte y resurrección, y permitir que la Buena Noticia moldee su pensamiento y comportamiento (2:11, 19-20; 3:1-4). Nos recuerda que debemos mantener a Cristo en el centro de todo lo que hagamos, en nuestra propia trayectoria espiritual y en la vida de la iglesia. Agregarle a Cristo es, inevitablemente, una distorsión de la verdadera fe cristiana.

Las cartas a los tesalonicenses

Primera de Tesalonicenses está llena de gratitud a Dios por la fe, el amor y la esperanza de la joven iglesia tesalonicense (1:2-3; 2:13; 3:9). Sin embargo, Pablo también presenta algunas preocupaciones. Defiende sus motivos y ministerio (2:1–3:13). En verdad se interesa en los tesalonicenses y anhela verlos, pero no ha podido «regresar» (2:17-20). Les recuerda que ha enviado a Timoteo para fortalecerlos y saber cómo están (3:1-5). Narra lo mucho que se ha consolado con el informe de Timoteo, y le cuenta a la iglesia lo agradecido que está con Dios por ellos (3:6-13).

Pero ya que algunos han ignorado su enseñanza sobre la moralidad sexual, Pablo enfatiza que la voluntad de Dios es que sean santos (4:1-8). También responde a las preguntas: ¿Qué les pasa a los creyentes que mueren antes del regreso de Cristo? Serán los primeros en resucitar, y serán arrebatados con los vivos para reunirse con el Señor cuando aparezca (1 Tesalonicenses 4:13-18). ¿Cuándo regresará Cristo y completará la consumación final? El día vendrá en un momento inesperado, como un ladrón en la noche, y deben estar preparados, viviendo con fe, amor y esperanza (5:1-11).

Pablo termina con varias exhortaciones de vivir una vida que agrade a Dios. Le recuerda a la iglesia que honre a sus líderes emergentes (5:12-13). Pablo también instruye que no deben rechazar las profecías, sino evaluarlas (5:19-22). Los bendice y expresa su absoluta confianza en la fidelidad y obra de Dios en la vida de ellos (5:23-24).

Después del saludo acostumbrado, 2 Tesalonicenses agradece la fe, el amor y la esperanza perseverante de la iglesia, la cual ha llegado a ser un modelo para otras (1:1-4). Al observar su sufrimiento, Pablo dice que Dios juzgará a sus perseguidores y les dará recompensa a los creyentes tesalonicenses (1:5-10). Pablo da gracias por la iglesia y ora que Dios los siga haciendo dignos de su llamado (1:11-12). Pablo confía en la obra de Dios entre ellos a pesar de sus problemas.

Pablo entonces responde que «el día del Señor ya ha comenzado» e insta a la iglesia a que no se deje engañar con tal doctrina (2:1-3). Esboza los acontecimientos que precederán a la venida de Cristo: habrá rebelión en contra de Dios; «el hombre de anarquía» vendrá, afirmará ser divino y exigirá adoración; y aunque Satanás le dará poder y engañará a muchos, Jesús lo destruirá (2:1-12).

Pablo está seguro de que Dios escogió y llamó a los cristianos tesalonicenses, y los insta a mantenerse firmes (2:13-15). Expresa una oración por la iglesia y una petición de que oren por él (2:16-17; 3:1-2). Su confianza en la iglesia se basa en la obra de Dios en ellos (3:3-5).

Pablo concluye regresando a un asunto de la primera carta (3:6-18). A pesar de la instrucción y el ejemplo de Pablo, algunos creyentes han rehusado trabajar, por lo que Pablo recurre a la iglesia para que los disciplinen (3:6-10). También se dirige a los miembros ociosos de manera directa, diciéndoles que se pongan a trabajar (3:11-12). Le ordena a la iglesia a tratarlos como cristianos descarriados, y la exhorta a mantenerse generosa hacia aquellos con verdadera necesidad (3:13-15). Entonces termina con oraciones y un saludo final (3:16-18).

CONTEXTO

En Tesalónica, la población judía tiene una sinagoga, y algunos judíos se convierten cuando Pablo les predica allí (Hechos 17:1). Pero aquellos que no aceptan la Buena Noticia acusan a Pablo y Silas de ocasionar disturbios civiles, así que Pablo y sus compañeros se ven obligados a dejar la ciudad (Hechos 17:4-7). La iglesia que Pablo deja es muy joven en la fe y experimenta persecución (1 Tesalonicenses 1:6; 2:14; 3:3-4). No recibieron toda la enseñanza necesaria y carecen de liderazgo maduro. De viaje hacia Berea, Atenas y Corinto, Pablo está profundamente preocupado por el bienestar de la iglesia tesalonicense (Hechos 17:10–18:1). Cuando Pablo escribe 1 Tesalonicenses, la iglesia se ha mantenido firme en la fe, el amor y la esperanza (1 Tesalonicenses 1:3; 3:6-8). Pero la situación se deteriora y la persecución intensifica.

AUTORÍA

Los nombres de Silas y Timoteo, cofundadores de la iglesia de Tesalónica, se mencionan junto con el de Pablo en ambas cartas. En 1 Tesalonicenses, Pablo a veces se presenta individualmente para expresar sus preocupaciones, pero, en su mayoría, la carta está escrita en la primera persona plural, lo que indica que Silas y Timoteo pueden haber jugado un papel en su composición (2:18; 3:5; 5:27). Sin embargo, el mandamiento final de 5:27 sugiere que Pablo fue el principal escritor.

El nombre de Pablo está al inicio de 2 Tesalonicenses y, en la conclusión, él agrega una nota con su propia mano para certificar la autenticidad de la carta, lo cual enfatiza que es el autor principal y el responsable de su contenido (1:1; 3:17). La iglesia primitiva fue unánime en afirmar que 2 Tesalonicenses es una carta genuina de Pablo, y esta está en armonía con los demás escritos de él.

SIGNIFICADO Y MENSAJE

Algunos podrían atribuir la perseverancia de los tesalonicenses a la simple determinación, a la buena instrucción o a la «fe ciega». Pero Pablo enfatiza que Dios elige a los creyentes y que la Buena Noticia es el mensaje divino y testigo del poder de Dios (1:4-5). Cuando la gente lo recibe, el mensaje sigue actuando con poder en ellos (2:13).

La conversión genuina significa acudir al Dios verdadero en arrepentimiento y servirlo mientras se espera el regreso de su Hijo (1:9-10). Aun así, los nuevos cristianos de Tesalónica tienen que crecer en carácter moral y comprensión teológica. Pablo, como pastor sabio, les escribe para ayudarlos con los asuntos que enfrentan.

En 2 Tesalonicenses, vemos que, a menudo, las guerras se pelean desde múltiples frentes, pero Pablo nunca adopta la desesperación o la exasperación. Es muy claro en su enseñanza y corrección. Se propone que sus palabras fortalezcan a la iglesia aquejada de problemas, detengan la falsa enseñanza y corrijan a los miembros descarriados. Esta es más que nada una carta pastoral de Pablo que proporciona esperanza y confianza en Dios cuando el mundo ha perdido la razón.

Las cartas a Timoteo

En 1 Timoteo, después de instruir a Timoteo a que trate con los falsos maestros pretendiendo ser maestros de la ley, Pablo lo orienta sobre la conducta en la casa de Dios en cuanto a la oración, la enseñanza de las mujeres y el liderazgo: tres áreas que falsos maestros han dañado (1:3-20; 2:1–3:13). Pablo deja claro lo que busca y explica por qué y cómo debe hacerse (3:14–4:16). Luego, reanuda sus instrucciones en cuanto a la conducta piadosa, y se enfoca en la gente mayor y los jóvenes, las viudas, los ancianos y los amos ya que relaciones en esas áreas también se han distorsionado por las falsas enseñanzas (5:1–6:2). Finalmente, Pablo regresa a la necesidad de lidiar con los falsos maestros, y esta vez se centra en asuntos de riqueza y ganancias (6:2-21).

En 2 Timoteo, después del saludo tradicional, la acción de gracias y la oración, Pablo le pide a Timoteo que sufra con él por la Buena Noticia (1:1-18). Los recursos para hacerlo incluyen el legado espiritual de Timoteo y la Buena Noticia en sí, como lo ilustran tanto la vida de Pablo como los buenos y los malos ejemplos. Pablo entonces de nuevo le pide a Timoteo que sea fuerte y que soporte el sufrimiento con él (2:1-13). La obediencia debe ser motivada al reflexionar en la Buena Noticia y en el ejemplo de Pablo. Luego, Pablo instruye a Timoteo sobre cómo llevar a cabo su ministerio entre los falsos maestros (2:14-26).

La perspectiva entonces se amplía para establecer el trabajo de Timoteo en el contexto de los últimos días (3:1–4:8). Serán difíciles, pero Dios tratará con los alborotadores como lo ha hecho antes. Timoteo debe permanecer en el rumbo con la fe que ha heredado y mantenerse arraigado en las Escrituras. Debe llevar a cabo su ministerio con un sentido de urgencia a la luz de su esperanza y la resistencia creciente de sus oyentes. No debe temer sufrir por el Señor, y debe considerar la obra de Pablo como completada. Debe llenar el vacío y mantenerse siguiendo el ejemplo de Pablo.

La carta termina con un llamado a que Timoteo llegue a Roma tan pronto como le sea posible (4:9-18). Pablo da saludos, noticias y una petición final de que Timoteo haga el viaje a Roma antes del invierno, y entonces termina con una bendición (4:19-22).

CONTEXTO

Después de ser detenido en Cesarea y encarcelado en Roma, Pablo es liberado y trabajará más en el ministerio (Hechos 21:27-36; 23:23–26:32; 28:16-31). Timoteo, quien acompañó a Pablo durante gran parte de su ministerio original en Éfeso, ha recibido la tarea de tratar con nuevos e inquietantes acontecimientos en la ciudad (Hechos 19:22; 1 Timoteo 1:3). La enseñanza de los falsos maestros tiene elementos ascéticos y un enfoque judío (ver 1 Timoteo 1:7; 4:3; Tito 1:10, 14-15; 3:9). Aseguran tener conocimiento especial, afirman que la resurrección de los creyentes ya ha ocurrido, perturban las relaciones, y puede ser que enfaticen la salvación por obras (1 Timoteo 6:20; 2 Timoteo 1:9; 2:18; 3:6-7; Tito 1:11, 16; 3:5). Se oponen al mensaje de Pablo, promueven la inmoralidad y socavan la misión de la iglesia (ver Tito 1:10-13; 2:6-8, 15). La fuerte respuesta de Pablo sugiere errores en la doctrina de Cristo y de los últimos días también (ver 1 Timoteo 2:5-6; 3:16; 4:1-5; 2 Timoteo 2:8, 18; 3:1-9; Tito 2:11-14).

Después de 1 Timoteo, Pablo es arrestado y encarcelado en Roma una segunda vez (1:8, 16-17; 2:9). Escribirá 2 Timoteo desde la cárcel de Roma, y esta le llegará a Timoteo durante el episodio final de la vida de Pablo (ver 4:6-18). Timoteo está en la provincia de Asia, de seguro en Éfeso (4:13, 19).

AUTORÍA

Hay una opinión generalizada de que Pablo no escribió las cartas pastorales (1 Timoteo—Tito). Según esta opinión, fueron escritas por un seguidor de Pablo después de su muerte pero firmadas con su nombre. Sin embargo, no hubo duda para atribuírselas a Pablo hasta los años 1800, lo cual incluye a los padres de la iglesia primitiva, cuya lengua materna era el griego y quienes estaban bastante familiarizados con las demás cartas de Pablo. La iglesia primitiva nunca las habría aceptado si hubiera sospechado que estaban firmadas falsamente. Y aunque el estilo de Pablo es distinto al de las demás cartas, eso podría ser resultado de las situaciones específicas que abordaba y el período distintivo de su vida y carrera. También podría ser resultado del uso de un amanuense (escriba) distinto. Pero es razonable afirmar la autoría de Pablo de las cartas pastorales.

SIGNIFICADO Y MENSAJE

La casa de Dios es la preocupación inmediata de Pablo. La casa de Dios esperaba una conducta ordenada en el hogar familiar, con funciones, decoro y nociones de honor y vergüenza al igual que la sociedad circundante. La casa de Dios refleja tanto los estándares ampliamente aceptados de honra y decencia como las estructuras sociales de la sociedad. Al mismo tiempo, donde es apropiado y necesario, la casa de Dios se opone a la sociedad, y refleja valores y prácticas muy distintos e incluso contraculturales. La casa de Dios está en el mundo, pero no es de él. El mundo sigue siendo la buena creación de Dios, pero es transitorio y está en sus últimos días, los cuales son difíciles y están cargados del mal (4:1, 3-4; 6:17; 2 Timoteo 3:1). La casa de Dios refleja la nueva creación incluso en cómo existe en el mundo. La misión de la casa de Dios es avanzar la Buena Noticia en el mundo y promover la voluntad de Dios (ver 1 Timoteo 2:4-7).

El apóstol Pablo no solo proclama la Buena Noticia de la muerte y resurrección de Jesucristo; la ha puesto en práctica en su vida. La Buena Noticia da lugar a una forma de vida que toma la cruz y sigue a Jesús en el poder de su resurrección que da vida. Pablo ha tomado para su vida el modelo de la vida de Cristo, y ahora su muerte está por llegar. La obra de Dios se completará el día del regreso de Cristo, y la responsabilidad continua de los siervos de Dios es grande (2 Timoteo 1:12). Pablo le pasa la antorcha a Timoteo y lo desafía a que lleve adelante la obra de Pablo. Y como Timoteo, por medio del poder de la resurrección de Cristo que da vida, todos los que toman la cruz y siguen a Jesús tienen el encargo de completar el ministerio que Dios les ha dado.

La carta a Tito

La carta a Tito tiene que ver con el trabajo, y establece las pautas que el mismo Tito debe seguir. Cada sección se compone de un patrón de órdenes, razones y encargo (1:5–3:11). Ya sea que hable del nombramiento de líderes, de la conducta correcta entre los miembros de la familia de fe, o de la conducta correcta en la sociedad en general, Pablo repite este patrón (1:5-16; 2:1-15; 3:1-11). Como la comunidad se ve amenazada por falsos maestros y necesita un liderazgo decisivo, Pablo comparte órdenes sobre el liderazgo en la primera sección. En las siguientes dos, sobre la conducta correcta, sus órdenes se basan en la gracia y la misericordia de Dios.

CONTEXTO

Pablo inició la iglesia en Creta sin nombrar líderes, y ahora quiere que los establezcan (cp. Hechos 14:23). En este caso, le delega la responsabilidad a Tito, un colaborador de mucho tiempo. En Creta, la cultura degenerada ha influenciado a los creyentes, y falsos maestros perturban a la comunidad. Además, según la mitología cretense, el dios Zeus fue un simple humano que vivió y murió en Creta pero logró la divinidad por medio de los beneficios que les dio a los humanos. Pero la idea de un gran benefactor humano que es exaltado al estatus de un dios por virtud de buenas obras contradice la Buena Noticia.

SIGNIFICADO Y MENSAJE

En esta carta, es fundamental comprender que la comunidad cristiana debe representar la gracia salvadora de Dios, la cual se le ha mostrado al mundo en la persona y la obra de Jesucristo. El comportamiento de la comunidad debe ser coherente con cómo Dios ha tratado con ellos. Al hacerlo, promoverán la Buena Noticia dentro de su territorio y cultura (2:10-11; 3:2-3, 8; ver Mateo 5:14-16).

El drama de la salvación divina invita a la participación. Como seguidores de Cristo, debemos llegar a ser protagonistas de esta obra de gracia. Nuestras comunidades deben promover las vidas piadosas ya que la aparición de la gracia, en la persona de Cristo, nos ha enseñado cómo vivir y ha hecho que semejante forma de vida sea posible (Tito 2:1-15). Como creyentes individuales, también debemos conducirnos de manera apropiada en un mundo caído, con el corazón inclinado hacia la salvación de los demás. Debemos tener en mente nuestra vida anterior y recordar cómo Dios ha tratado con nosotros, cómo nos ha dado salvación y cómo ha provisto para nuestra santidad (3:1-11).

La carta a Filemón

Pablo anima a Filemón a que no trate a Onésimo como esclavo, sino como un genuino hermano en Cristo. Haciendo uso de su introducción tradicional (1:1-3), Pablo se presenta, saluda a Filemón, a su familia y a la iglesia que se reúne en el hogar de ellos, e invoca la gracia y la paz sobre ellos. Luego, Pablo le agradece a Dios por Filemón, especialmente por su confianza en el Señor Jesús y el amor que les ha mostrado a muchos del pueblo de Dios (1:4-7).

Luego Pablo hace su petición por Onésimo (1:8-22). Aunque anteriormente era un fugitivo, ahora Onésimo ha llegado a ser creyente en Cristo y ha demostrado ser una persona transformada. Pablo le pide a Filemón que sea misericordioso y perdonador al recibir de regreso a su esclavo. El verdadero deseo de Pablo es que Onésimo se quede con él, para que lo ayude en su ministerio desde la cárcel. Aunque tiene la autoridad apostólica de exigir que Filemón lo libere con ese propósito, se rehúsa a usar esa autoridad, y desea que esa expresión de misericordia provenga de Filemón mismo y que no sea forzada. Pero Pablo da a entender claramente que Filemón debe considerar liberar a su esclavo para el trabajo de la Buena Noticia.

La carta finaliza de la manera acostumbrada (1:23-25). Pablo envía saludos a Filemón de parte de varios cristianos, luego invoca la gracia de Dios para él y todos los de su casa.

CONTEXTO

Filemón vive en Colosas, una pequeña ciudad de la provincia romana de Asia (actualmente el occidente de Turquía), a unos 193 kilómetros (120 millas) al oriente de Éfeso. Al parecer, su esclavo llamado Onésimo se le fuga, y es posible que se haya robado algunas cosas. De alguna forma, Onésimo tiene contacto con Pablo, quien está en la cárcel, y llega a ser creyente. Cuando Pablo se entera que Onésimo es un esclavo fugitivo, lo anima a regresar a su amo. Por ley, los fugitivos capturados tienen que ser devueltos a sus dueños. Pero, a menudo, enfrentan un castigo severo (azotes, marcas de herraje o ejecuciones) como ejemplo para otros esclavos. Sin embargo, Filemón es un líder cristiano muy respetado y una persona misericordiosa y amorosa. Pablo le escribe esta carta a Filemón desde la cárcel y la envía con Onésimo para asegurar un recibimiento cristiano afectuoso para el fugitivo.

SIGNIFICADO Y MENSAJE

Esta carta se parece a una carta de recomendación y tiene todo el peso de la autoridad apostólica de Pablo.

Es una ilustración vívida de cómo las actitudes y las relaciones se transforman en Cristo. Aquellos que conocen a Cristo deben ver a las personas con ojos de amor y expresarlo en sus relaciones. Como cristianos, debemos estar dispuestos a perdonarnos los unos a los otros. Sin importar cuánto nos haya ofendido alguien, con rapidez debemos darle una bienvenida afectuosa y mostrarle nuestra aceptación y amor.

En la iglesia de Cristo, las distinciones sociales —como la relación entre el esclavo y el amo— deben superarse. Debemos mostrarle amor genuino a todo cristiano sin importar su condición económica o cultural, su educación, su etnia o su sexo (ver Gálatas 3:28; Colosenses 3:11). El deseo de Pablo de reconciliar a Filemón y a Onésimo es un ejemplo de tal amor.

Muchos se han preguntado por qué Pablo no pidió la libertad de Onésimo o la abolición de la esclavitud. En el mundo romano, estaba muy extendida y era parte integral de la sociedad. Al parecer, Pablo, como la mayoría de los primeros cristianos, había aceptado las estructuras tradicionales de la sociedad, incluso la esclavitud. La misión de los primeros cristianos no era derrocar las estructuras sociales, sino ver que las personas se convirtieran y se edificaran en Cristo. Proclamar la Buena Noticia de salvación resultaría en la transformación que Cristo haría de las vidas y las relaciones dentro de la comunidad de la iglesia. Y aunque Pablo no pidió explícitamente que Onésimo fuera liberado, claramente dio a entender que le gustaría verlo libre para el trabajo de la Buena Noticia. Al enfatizar la importancia de que los cristianos vivan juntos en perdón y amor mutuo, estaba plantando las semillas que algún día resultarían en la abolición de la esclavitud.

La carta a los hebreos

Hebreos es una respuesta pastoral enérgica y bien elaborada a las necesidades de personas batallando. Después de la introducción, expone la superioridad de Cristo en dos movimientos. El primero explica la relación del Hijo con los ángeles (1:5–2:18). Ellos son siervos, pero el Hijo es exaltado por su relación única con el Padre, el Señor, creador y sustentador del universo; en efecto, el Hijo es Dios (1:5-14). Habiendo exhortado a los oyentes a prestar mucha atención al mensaje de salvación, el autor expone que la posición del Cristo exaltado fue más baja que la de los ángeles cuando llegó a ser humano (2:1-9). Jesús adquirió carne y sangre para morir con el fin de liberarnos (2:10-18).

El segundo movimiento aborda la posición del Hijo con relación al sistema de sacrificios del Antiguo Testamento (4:14–10:18). Jesús se presenta como el Sumo Sacerdote superior según el orden de Melquisedec (7:1-28). En pocas palabras, Jesús no fue nombrado según las convenciones de la ley del Antiguo Testamento, sino que Dios lo nombró con un juramento y basado en su vida indestructible. Entonces se considera la ofrenda superior de este Sumo Sacerdote (8:3–10:18). Al igual que los sacerdotes terrenales, este sacerdote superior tuvo que hacer una ofrenda por los pecados, pero la suya fue una ofrenda de un nuevo pacto superior al antiguo (8:7-13; 9:1–10:18).

CONTEXTO

Los primeros seguidores de Jesucristo enfrentan serios desafíos. La sociedad greco-rromana ha malinterpretado a y desconfiado de tanto los judíos como los cristianos, considerándolos «ateos» por no creer en dioses griegos o romanos. Oposición al cristianismo también ha surgido desde dentro del judaísmo tradicional. Los cristianos a menudo pagan un precio alto en sus trabajos y relaciones. La persecución es común, y algunos batallan con mantener su compromiso. Si Roma es el destino de Hebreos, puede que haya sido por la persecución bajo Nerón a mediados de los años 60 d. C.

AUTORÍA

Desde los primeros siglos de la iglesia, la autoría de Hebreos se ha discutido mucho. Hebreos no comienza identificando a su autor y destinatarios. Hoy en día, muchos eruditos creen que se escribió como un sermón. Casi todos hoy en día coinciden en que Pablo no fue el autor. A lo largo de los siglos, se han sugerido muchos otros posibles autores: Felipe, Priscila, Lucas, Bernabé, Judas y Clemente de Roma. Desde que Martín Lutero lo sugirió, una idea popular ha sido que Apolos fue el autor. Pero aunque no podemos estar seguros, un estudio cuidadoso de Hebreos revela mucho de su autor. El excelente griego y sus formas de expresión elaboradas con habilidad señalan a una persona muy educada. Tuvo que ser un predicador dinámico, entrenado en la interpretación y la exposición, que memorizó grandes porciones del Antiguo Testamento. Y, lo más importante, fue un líder cristiano interesado que escribió con urgencia y pasión.

CARÁCTER LITERARIO

Al estilo de un sermón del primer siglo, el autor alterna entre la exposición acerca de la persona y la obra de Cristo y la exhortación de los oyentes a la obediencia y a la resiliencia.

Parece ser que los destinatarios de Hebreos tuvieron alguna experiencia en la adoración judía. El uso del Antiguo Testamento y los conceptos teológicos que se presentan habrían sido conocidos por personas que asistían a la sinagoga en el mundo mediterráneo. Pero eso no necesariamente quiere decir que todos los destinatarios eran judíos, ya que muchos gentiles eran parte de la sinagoga como «temerosos de Dios» que adoraban al Dios de Israel.

SIGNIFICADO Y MENSAJE

Dios ha hablado acerca de su Hijo y por medio de él, y hay consecuencias nefastas para quienes no escuchan y no responden con obediencia (1:1-3; 2:1-3). Al final, Jesús, el creador y sustentador del universo, desechará el orden creado (1:2-3, 10-12). Él es sumamente digno de nuestro compromiso, adoración y resiliencia en la fe. Es superior a los ángeles, a Moisés y al sacerdocio levítico del antiguo pacto (1:5-14; 3:1-6; 5:1-10; 7:1-28).

Jesús ha hecho un pacto nuevo, celestial, y se ha ofrecido a sí mismo, de una vez por todas, a través de su propia muerte (8:3–10:18). En su encarnación, soportó como un Hijo fiel, y en su exaltación reina como el Señor supremo del universo (1:2-4, 8-13; 3:1-6; 5:7-8; 12:1-2). Nos provee así de una base superior para perseverar en la vida cristiana y para tener esperanza en el futuro.

También podemos considerar los ejemplos positivos de aquellos que han sido fieles en su trayectoria hacia la ciudad eterna de Dios y los ejemplos negativos de quienes cayeron por medio de la desobediencia (ver 3:7-19; 6:4-8, 13-15; 10:32-39; 11:1-40). Y podemos aceptar las promesas de Dios en cuanto a nuestra herencia como sus hijos (4:3-11; 6:13-20; 12:22-24). Por Jesús, podemos vivir como miembros fieles de la comunidad cristiana en nuestras relaciones y en nuestra adoración (13:1-17). Nuestra perseverancia en la fe cristiana será directamente proporcional a la claridad con la cual entendamos quién es Jesús y lo que ha logrado por nosotros.

La carta de Santiago

La carta de Santiago está escrita desde una perspectiva pastoral y se enfoca en la ética. Contiene enseñanzas basadas en la ley entendida a través de la vida y las enseñanzas de Jesús (1:25; 2:8). También refleja las enseñanzas de Jesús, en especial como se registran en el «Sermón del monte» y en el «Sermón de la llanura» (Mateo 5–7; Lucas 6:20-49).

CONTEXTO

Jesús ha resucitado y Santiago, su hermano, ha llegado a ser el líder reconocido de la iglesia de Jerusalén. Cristianos judíos se han esparcido por la persecución que comenzó cuando Esteban fue apedreado (Hechos 8:1; 11:19; Santiago 1:1). Viven entre judíos que estuvieron «dispersos por el mundo» en la diáspora (Santiago 1:1; ver Juan 7:35). A mediados del primer siglo, hay comunidades judías en todo el mundo grecorromano. Los creyentes de la diáspora judía están bajo presión de una sociedad que los oprime en lo económico y abusa de ellos por su fe en Jesucristo (Santiago 2:6-7).

AUTORÍA

Santiago fue escrita por uno de los hermanos de Jesús. Como hijo de José y María, Santiago (en griego *Iakóbos*) tuvo el nombre de un héroe israelita: Jacob (en hebreo *Yaaqob*; en griego *Iakób*; Mateo 13:55). Ni él ni los demás hermanos de Jesús fueron seguidores de Jesús durante su ministerio público. Después de que Jesús resucitó, Santiago llegó a ser creyente, supuestamente después de una aparición personal de Jesús (ver 1 Corintios 15:7). Santiago estuvo en la habitación de la planta alta cuando el Espíritu fue dado en Pentecostés y ascendió a una posición de liderazgo en la iglesia de Jerusalén (ver Hechos 1:13 2:1-3; 15:13-22).

CARÁCTER LITERARIO

Santiago se escribió en excelente griego koiné, el griego común del mundo grecorromano. Refleja tanto las influencias helenísticas en Galilea y Palestina como la inculturación de los lectores judíos de la diáspora. Santiago escribe con exactitud gramatical y tiene tanto un amplio vocabulario como un gusto elegante por las rimas y los sonidos de las palabras. Hay alusiones claras a la traducción griega del Antiguo Testamento junto con algo de imaginería del mundo helenístico (p. ej., 4:6). Usa muchos recursos oratorios como llamados fraternales, preguntas retóricas (1:2, 16; 2:1, 5, 13, 17, 26; 3:1, 3-5, 11-12, 18; 4:1, 11, 14, 14; 5:16), exhortaciones imperativas, metáforas e ilustraciones, y aforismos que resumen párrafos.

SIGNIFICADO Y MENSAJE

La preocupación principal de Santiago es que sus lectores mantengan una fe no dividida y lealtad hacia Dios (Santiago 1:6). Recomienda la resiliencia paciente, la sumisión a Dios y la participación en los ministerios de la iglesia (1:3; 4:7; 5:13-20). Eso resultará en perfección, honra y una vida gloriosa en la venida de Jesucristo (1:4, 12; 4:10; 5:8).

Santiago mantiene el respeto apropiado por la ley de Moisés y por las tradiciones judías (Hechos 21:18-25). Expresa también una comprensión solidaria de la misión a los gentiles al concluir que se les debe reconocer como cristianos sin que primero se conviertan en prosélitos del judaísmo. Al hacerlo, hace alusión al pacto de Dios con Noé (Hechos 15:19-22; ver Génesis 9:1-17). Santiago defiende la ley y, al mismo tiempo, insinúa su reinterpretación a través de Jesús el Mesías (Santiago 1:25; 2:8-11). Usa los símbolos del judaísmo con poca crítica y los marcadores principales de identidad del judaísmo sin una redefinición (cp. Romanos 2:29).

Las aparentes diferencias entre Santiago y Pablo en cuanto a las «buenas acciones» deben entenderse dentro de sus contextos históricos y teológicos. Tanto Pablo como Santiago creyeron que solo Dios, por medio de su iniciativa de gracia, puede vencer el problema del pecado humano. Ambos creyeron que la persona debe responder al ofrecimiento de salvación de Dios por fe. Pero difieren en su énfasis. Pablo enfatiza que las obras de la ley no producen salvación y la gente no puede estar bien con Dios «por hacer lo que la ley manda» o por cualquier cosa que pueda hacer (Romanos 3:20, 28; 4:3-5; Efesios 2:8-9; Gálatas 2:16). Mientras tanto, Santiago enfatiza que las buenas obras son evidencia de una relación genuina con Dios basada en la fe. La verdadera fe siempre producirá acciones buenas y agradables a Dios. Santiago demuestra que la fe no se puede reducir a una mera afirmación de la verdad, y la fidelidad no permite una lealtad dividida entre Dios y el mundo (1:8; 2:19; 4:4, 7).

La carta de Santiago también nos ayuda a entender cómo deben vivir los cristianos como grupo minoritario en una sociedad no cristiana y opresora. Santiago anima a sus lectores a soportar sus pruebas con fortaleza y a exhibir un carácter cristiano congruente. La carta está llena de consejo piadoso y sabiduría para nosotros hoy en día, en particular ante dificultades en la sociedad relacionadas con nuestra fe.

Las cartas de Pedro

Pedro exhorta a sus lectores a considerar su sufrimiento presente temporal como un fortalecimiento de su fe y como una preparación para que reciban la salvación (1:3–2:12). Esta salvación es tan grande que los profetas la predijeron y los ángeles la investigaron (1:10-12). Este regalo de salvación debe resultar en una vida de santidad que reconoce el precio al que Dios compró nuestra salvación (1:13-21). Los llama al amor y a la paciencia hacia los demás cristianos y les recuerda su estatus como el nuevo pueblo del pacto de Dios (1:22–2:4-12).

Pedro entonces los exhorta a vivir bajo las autoridades reconocidas como testimonio a un mundo hostil (2:13–3:12). Los cristianos deben aceptar la autoridad del gobierno, los esclavos cristianos la de sus amos y las esposas cristianas la de sus esposos (2:13-25; 3:1-6). Mientras tanto, los esposos deben honrar a sus esposas (3:7). Pedro los exhorta a todos a tener un comportamiento que Dios recompensa (3:8-12).

Pedro desafía a sus lectores a responder a las presiones sociales con un comportamiento honorable y respetuoso, incluso cuando resulta en abuso (3:13-17). Les recuerda que la esperanza de redención es segura debido a la vida, muerte, resurrección y ascensión de Cristo (3:18-22). Pedro renueva su llamado a abandonar los caminos y valores del mundo y concluye con varias otras exhortaciones (4:1-11). Comparte un llamado final a permanecer firmes en medio del sufrimiento (4:12-19). Luego Pedro concluye con un encargo para los ancianos, los hombres jóvenes y la iglesia en general (5:1-11).

La preocupación principal de 2 Pedro es que sus lectores crezcan en su conocimiento de Dios y de Cristo (1:3-11). Con un sentido de urgencia, Pedro expresa que no le queda mucho por vivir (1:12-15). Entonces perfila y condena a los falsos maestros. Pedro se prepara para esta denuncia enfatizando la seguridad del regreso de Cristo en gloria (1:16-21). Pedro los denuncia en cuatro etapas: predice la venida de los falsos maestros; insiste que Dios los juzgará y que rescatará a los rectos; declara los pecados de los falsos maestros; y pronuncia su condena (2:1-22).

Después de insistir aún más en que Cristo regresará en gloria para transformar al mundo, Pedro concluye orando que sus lectores «crezcan en la gracia y el conocimiento de nuestro Señor y Salvador Jesucristo» (3:1-13, 18; ver 1:3-11).

CONTEXTO

Muchos en el mundo antiguo consideran a los cristianos extraños, supersticiosos y desleales a la sociedad romana. Los cristianos se reúnen en secreto, practican rituales extraños, exhiben un estilo de vida contracultural y hasta se rehúsan a servir en el ejército romano porque no hacen el juramento al emperador. Por lo tanto, los cristianos a menudo son discriminados, acusados de mal comportamiento y llevados a los tribunales con acusaciones falsas. Se dicen malas cosas de ellos, y los seguidores de Cristo se ven tentados a contraatacar y ceder en su estilo de vida piadoso debido al dolor.

Los falsos maestros no se pueden identificar con alguna herejía conocida de la iglesia antigua. Con su inmoralidad y escepticismo, suponen que la gracia de Dios les da la libertad de hacer lo que quieran (2 Pedro 2:19-20). No les importa la autoridad (ver 2:10-11). Practican el sexo ilícito, el exceso en la bebida y en la comida y la avaricia (2:13-20).

AUTORÍA

En el versículo inicial de ambos libros, el autor se identifica como el apóstol Pedro. Sin embargo, de muchas maneras, 2 Pedro es distinta a 1 Pedro, por lo que algunos intérpretes piensan que alguien más escribió 2 Pedro. Pero la conclusión es innecesaria porque 2 Pedro trata con una situación muy distinta a la de 1 Pedro, y es natural que el lenguaje y los conceptos difieran. Además, es posible que Silas (el escriba de Pedro; 1 Pedro 5:12) haya sido el responsable de parte de la redacción de 1 Pedro y que Pedro usara un escriba distinto en 2 Pedro.

SIGNIFICADO Y MENSAJE

Primera de Pedro anima a los cristianos a mantener una vida de santidad en medio de las presiones creadas por la atmósfera no cristiana (a menudo hasta anticristiana) en la que viven. Pedro sigue tres ideas claves. Primero, los creyentes deben entender que hemos experimentado la salvación que Dios prometió a través de sus profetas y que los ángeles «observan con gran expectación» (1:12; ver 1:5, 10). Somos hijos de Dios, nacidos de nuevo por medio de su palabra poderosa (1:14, 23). Somos las piedras que usa para construir un nuevo templo espiritual y un pueblo escogido, llamado de la oscuridad a la luz (2:5, 9-10). Debido a que disfrutan esos privilegios, los cristianos han llegado a ser extranjeros y forasteros en este mundo (1:1, 17; 2:12). Viven en el mundo, pero no pertenecen a él.

Segundo, los cristianos, el pueblo de Dios, deben buscar un estilo de vida que personifique los valores del cielo, no los de este mundo. Deben imitar a su Padre y llegar a ser santos como él (1:15-16). Deben amarse los unos a los otros y respetar a las autoridades (1:22). Pedro resume todo esto en su llamado a «hacer el bien», incluso y en especial a quienes abusan y ocasionan dificultades (3:16-17; 4:19).

Tercero, los creyentes han llegado a ser un pueblo santo debido a Jesucristo, cuya muerte y resurrección proveen el fundamento de nuestra nueva identidad (1:18-19; 3:18). Y su victoria sobre los poderes del mal nos da esperanza y confianza (1:3-9; 3:19-22). Él proveyó para nuestra salvación y nuestra santidad, y también nos ha dado un ejemplo a seguir. Cristo no contraatacó cuando lo criticaron, persiguieron o incluso ejecutaron (2:21-25). Debemos seguir sus huellas y usar nuestras pruebas como oportunidad para testificar sobre la gracia y el poder de Dios.

En 2 Pedro, predomina la preocupación por la presencia de los falsos maestros en la iglesia. Aunque estos derrochadores afirman ser cristianos, Pedro deja claro que están destinados a la condena como rebeldes en contra del Señor (2:1, 3, 10, 21-22). Esta carta les advierte que rechacen a los falsos maestros y sus enseñanzas, y que permanezcan fieles a la Buena Noticia. Es un recordatorio vital de cuán peligroso es desviarse de la verdad. La iglesia siempre debe estar en guardia en contra de quienes tuercen la verdad de la Buena Noticia y cuyas vidas, tristemente, dan una mala imagen de ella.

Las cartas de Juan

Primera de Juan busca animar a los creyentes de la provincia romana de Asia a que permanezcan firmes en Cristo, y denuncia a quienes no han permanecido en la comunión apostólica. Enfatiza que los cristianos deben mantener la lealtad a los apóstoles de Jesús para protegerse de la falsa espiritualidad y la herejía. Juan insta a los cristianos a mantenerse en comunión con los apóstoles y, así, tener comunión con Dios, quien es luz, viviendo en la luz que él nos ha dado; confesarle sus pecados y, así, conocer la defensa de Jesucristo, el justo; estimar a Jesucristo como la Palabra de vida, el Hijo de Dios; amar a Dios, quien es amor, y a los demás cristianos; permanecer en Cristo, llegar a ser semejantes a él, y purificarse de los deseos mundanos; conocer y experimentar a Dios en lo personal y entender la verdad a través del Espíritu; discernir la falsa enseñanza con la ayuda del Espíritu y reconocer el espíritu de los falsos profetas y del anticristo; y estar seguros de la esperanza de la vida eterna.

Por encima de todo, 2 Juan quiere que sus lectores sigan adhiriéndose a la verdad y amándose los unos a los otros. Les advierte sobre falsos maestros y los anima a aferrarse a las enseñanzas de los apóstoles para que reciban su recompensa. Al mismo tiempo, les ordena que ni reciban a los falsos maestros en sus reuniones o en sus hogares ni los ayuden de manera alguna. Ni siquiera deben desearles el bien; hacerlo sería participar en su herejía.

En 3 Juan, se elogia a Gayo y se desaprueba de Diótrefes. Gayo ha actuado de forma loable al recibir a los maestros itinerantes, y ellos le han informado a Juan que Gayo vive según la verdad. Eso le ha producido mucha alegría a Juan, y él insta a Gayo a seguir demostrando tal hospitalidad. En contraste, un líder llamado Diótrefes se ha ganado la censura del apóstol (1:9-10). Diótrefes ha despreciado la autoridad de Juan y ha persuadido a otros a hacerlo también. Juan le advierte a Gayo que no se someta al liderazgo agresivo de Diótrefes ni se deje influenciar por él. Juan entonces resalta la buena reputación de un hombre llamado Demetrio (1:12). No está claro por qué para nosotros hoy en día, pero es posible que le ofreciera a Gayo una alternativa a Diótrefes para que asumiera el liderazgo de esa comunidad.

CONTEXTO

Poco después del 90 d. C., miembros de la comunidad cristiana han formado un grupo rival, una facción herética que promueve enseñanzas sobre Jesucristo que caracterizarán al gnosticismo (ver 1 Juan 4:1-3). Al salir de la comunión de los apóstoles, han demostrado que no pertenecen en verdad a la familia de Dios (2:18-19). Sin embargo, los efectos de sus falsas enseñanzas permanecen en la mente de los fieles.

El contexto de 2 Juan es similar. Los falsos maestros han estado viajando en el Asia Menor, y enseñan una herejía acerca de Jesús llamada docetismo. Rechazan la enseñanza de que Jesús tuvo un cuerpo humano físico, y persuaden a otros a pensar igual. Algunos en la iglesia, influenciados por esta enseñanza, se han ido a formar una nueva secta. Entre ellos está Diótrefes (cp. 1 Juan 2:18-19). Como líder de una iglesia local, ha rechazado la autoridad de Juan y se rehúsa a aceptar a los maestros que Juan envió.

AUTORÍA

Algunos eruditos han sugerido que un anciano cristiano llamado Juan, no el apóstol, fue el autor de las tres cartas 1–3. Ellos se basan en la cita de Papías (obispo de Hierápolis en la provincia de Asia, 100–130 d. C.), quien mencionó a Juan el apóstol y, más adelante, a Juan el anciano:

> Y siempre que alguien venía que había sido seguidor de los ancianos, les preguntaba por sus palabras: qué habían dicho Andrés y Pedro, o Felipe, o Tomás, o Jacobo, o Juan, o Mateo, o cualquiera otro de los discípulos del Señor, y lo que Aristión y el anciano Juan, discípulos del Señor, estaban aún diciendo.

EUSEBIO, *Historia de la iglesia* 3.39.4

Algunos han pensado que Papías se refiere a dos personas distintas llamadas Juan, pero no es necesariamente el caso. Papías observó lo que los «ancianos» (que incluye a los apóstoles, como Juan) *habían dicho* acerca de Jesús y lo que dos de los discípulos del Señor (Aristión y Juan) todavía *decían* (tiempo presente). El apóstol Juan vivió hasta ser un hombre muy viejo y Papías lo había oído hablar en persona.

La mayoría de los eruditos evangélicos piensan que Juan el apóstol y Juan el anciano son la misma persona. El estilo de escritura del Evangelio de Juan es innegablemente similar al de estas tres cartas, y la afirmación del autor de ser testigo ocular es tan fuerte tanto en las cartas como en el Evangelio (Juan 1:14; 19:35; 1 Juan 1:1-4). El autor de 1 Juan afirma haber oído, visto y tocado en persona a la Palabra eterna que se hizo carne (1 Juan 1:1-4). Es razonable concluir que Juan el «anciano» es el apóstol Juan.

SIGNIFICADO Y MENSAJE

Primera de Juan es una extensión natural del Evangelio de Juan, el cual muestra que la misión de Jesús es revelar a Dios el Padre y llevar a los creyentes a una unión con el Padre y el Hijo por medio del Espíritu. Primera de Juan enfatiza cómo los cristianos experimentan a Dios en la vida diaria, como lo demuestran sus relaciones con los demás miembros de la comunidad de la iglesia. Debemos manifestar nuestro amor hacia Dios amándonos los unos a los otros. Este mandamiento proviene de Jesús mismo, y Juan lo repite a menudo (Juan 13:34; 15:17; 1 Juan 2:7; 3:11, 23; 2 Juan 1:5-6). Ya que Dios es amor, todos los que afirman conocerlo deben amar a los demás.

Sin embargo, amar a los demás cristianos no quiere decir aceptar todo lo que dicen o todo lo que enseñan los maestros independientes. Hay personas que se han ido de la comunidad y niegan que Jesús es el Cristo, el único Hijo de Dios, o que ha venido como ser humano. Quien niegue la verdadera humanidad o la completa deidad de Jesucristo es un anticristo. Primera de Juan advierte fuertemente en contra de quienes enseñan semejante herejía y desvían a los cristianos de la comunión con los verdaderos apóstoles de Cristo.

El mensaje de 2 Juan es doble. Primero, los miembros de la comunidad cristiana deben amarse los unos a los otros (1:5). La manifestación de este amor sigue los mandamientos de Jesús (1:6). Segundo, Juan le advierte a la iglesia sobre los falsos maestros, a quienes tienen que dejar al descubierto, evitar y rechazar. En 3 Juan, el autor se ocupa de un problema que se presentó en 1 Juan: algunos líderes de la iglesia siguen las falsas enseñanzas e ignoran la autoridad de los apóstoles. Pero no podemos afirmar amar a Dios y la verdad si no seguimos la enseñanza apostólica y si no nos unimos en comunión con la iglesia de Dios, los miembros de su familia.

La carta de Judas

Judas explica lo que ha motivado su carta: el peligro inminente que representan los falsos maestros (1:3-4). En 1:5-16, Judas da detalles sobre el carácter de ellos. Judas apela directamente a sus lectores; los insta a aferrarse a la verdad de Dios y a contactar a los creyentes que podrían verse tentados a seguir a los falsos maestros.

CONTEXTO

Judas se enfoca menos en lo que enseñan los falsos maestros y más en cómo viven; en el centro de la crítica está la acusación de que son libertinos y suponen que la gracia de Dios revelada en Cristo les da la libertad de hacer lo que quieran (1:4). No respetan a las autoridades y tienen comportamientos pecaminosos (1:8-9, 16, 19). Aunque afirman ser seguidores de Cristo, efectivamente niegan al Señor (ver 1:4).

AUTORÍA

Judas se identifica como «hermano de Santiago» (1:1). Es casi seguro que este Santiago sea el «hermano del Señor» que llegó a ser el líder reconocido de la iglesia de Jerusalén y escribió la carta de Santiago (ver Mateo 13:55; Marcos 6:3; Hechos 15:13-21; 21:18; Gálatas 1:19).

CARÁCTER LITERARIO

La primera sección de Judas se desarrolla en una secuencia *A-B-A'*. Usa primero tres ejemplos bíblicos para ilustrar la condena que los falsos maestros enfrentan (*A*, 1:5-10). Segundo, cita tres ejemplos bíblicos más para castigarlos por sus actitudes y comportamiento no piadosos (*B*, 1:11-13). Tercero, regresa a la condena de ellos y cita la tradición judía para recalcar su acusación (*A'*, 1:14-16). La carta termina con una doxología notable (1:1-25).

SIGNIFICADO Y MENSAJE

Falsos maestros de muchas clases han perturbado al pueblo de Dios. Judas es un poderoso recordatorio del potencial que tienen para dañar a la comunidad y ofrece una descripción severa de su terrible destino. La descripción que Judas presenta hace un uso dinámico del Antiguo Testamento y de otras tradiciones judías. Judas compara a los falsos maestros con los israelitas rebeldes en el desierto, con los ángeles que se rebelaron en contra de Dios y con los pecadores de Sodoma y Gomorra (1:5-7). Los falsos maestros son como Caín, Balaam y Coré (ver Génesis 4;

Números 16; 22–24). Al igual que ellos, los falsos maestros son rebeldes en contra del Señor y experimentarán su juicio.

Ser cristiano quiere decir tener fe en Dios, tener amor por los demás y confesar con alegría la verdad que Dios ha revelado en Jesucristo. No podemos expresar fe en Dios en verdad si no reconocemos la verdad que él ha revelado. Así que los primeros cristianos formularon declaraciones de fe o credos para resumir los puntos básicos de la verdad cristiana (p. ej., 1 Timoteo 3:16). A menudo, estos se elaboraron para contraatacar una falsa enseñanza.

Si vamos a prestarle atención al llamado de Judas a «defender la fe», tenemos que saber qué es. Demasiados cristianos dedican demasiadas energías debatiendo detalles no esenciales y muy pocas aprendiendo bien los puntos básicos. Pero es solo aprendiendo los puntos básicos que los fieles serán capaces de explicarles a otros su fe y proteger la verdad cristiana de las falsas enseñanzas.

El libro del Apocalipsis

Apocalipsis comienza de manera inusual: con tres introducciones. Primero, Juan explica en detalle la naturaleza visionaria del libro (1:1-3). Luego, hay un saludo de carta (1:4-8). Y entonces hay una introducción histórica (1:9-11). Luego describe una visión de Jesús (1:12-20). En cartas a siete iglesias de la provincia de Asia, Cristo se dirige de manera personal a los creyentes y a la vida de las iglesias (2–3). Los capítulos 4–5 establecen el escenario del drama que sigue, presentando la majestad soberana de Dios y describiendo a Jesús como león y como cordero.

El centro del libro describe un drama en tres actos de juicio. En el primer acto, Cristo abre siete sellos que resultan en siete juicios (6:1–8:1). También se presenta el primer interludio, el cual muestra que el pueblo de Dios es protegido del mal (7). El segundo acto describe a siete ángeles que tocan siete trompetas (8:2–11:19). Después de la sexta, hay un misterioso segundo interludio en el que un ángel, un pequeño rollo y siete truenos secretos abren el espacio para una imagen agridulce de dos testigos que proclaman el mensaje de Dios (11:1-14). La trompeta final presenta al cielo, el reino venidero de Cristo el Señor (10:1-10; 11:15-19).

Apocalipsis cambia a una serie de tres grandes señales y descripciones simbólicas. El capítulo 12 describe la batalla cósmica entre el bien y el mal y el nacimiento del liberador prometido, Cristo, a quien Dios rescata de las intenciones destructivas de Satanás (12:1-10). Aunque derrotado, Satanás, descrito como un dragón, sigue creando caos entre el pueblo de Dios (12:11-17). Luego el libro presenta otras dos bestias que, con el dragón, forman una falsa «trinidad malvada» en el mundo (13). Estas fuerzas contrastan marcadamente con el Cordero de Dios y sus siervos fieles que están parados en el monte Sion, el lugar de la redención y el gobierno de Dios (14:1-5). Tres ángeles dan el mensaje de Dios del juicio venidero y de la destrucción de las fuerzas malvadas (14:6-20).

El tercer y último acto de juicio incluye siete plagas, lo cual Juan presenta con un canto que entonan juntos Moisés y el Cordero (15–16). Después, Juan narra el final de la gran prostituta, Babilonia (o Roma, 17). Mientras que el mundo llora el deceso de esta supuesta fuente de seguridad, el cielo, los apóstoles y los profetas se regocijan por su destrucción con cantos de la victoria de Dios (18:1-24; 19:1-10). Los enemigos de Dios no tienen posibilidad de éxito contra el Señor de señores. Las bestias (las estructuras de poder del mundo) y todos los que las siguen encuentran su justo fin en el lago de fuego cuando Jesús destruye a sus enemigos en la batalla de Armagedón (19:11-21). Mientras el diablo está encarcelado, los santos disfrutan de un descanso pues reinan con Cristo en la tierra (20:1-6). Satanás también es lanzado al lago de fuego (20:7-10). Todos los que siguen al dragón son juzgados ante el trono de Dios, y se le pone fin a la muerte, la némesis más grande de la humanidad (20:11-15).

Finalmente, Juan pinta un cuadro maravilloso del cielo y expande la imaginación humana con diseño, tamaño e imágenes simbólicas (21–22). Estas escenas, con su visión de esperanza, ofrecen una conclusión apropiada del Apocalipsis y de toda la Biblia. El Espíritu y la iglesia invitan a todos a llegar y recibir la promesa eterna de Dios (22:17). El libro termina con la oración continua de quienes siguen a Cristo: «¡Ven, Señor Jesús!» (22:20).

CONTEXTO

Frente a la persecución, Apocalipsis, de una forma dramática, les recuerda a los cristianos la fuente de su esperanza y vindicación, y, de manera firme, los desafía a permanecer fieles.

AUTORÍA

El autor de Apocalipsis se identifica simplemente como Juan (1:1, 4, 9). En la iglesia primitiva, por lo general es identificado como el apóstol Juan (Juan 13:23; 19:26; 20:2; 21:7; 3 Juan 1:1).

CARÁCTER LITERARIO

El libro de Apocalipsis es una obra emocionante que ha desconcertado a muchos lectores, quizás por su naturaleza tanto de una profecía como de un apocalipsis. Apocalipsis apela a la *imaginación*. Habla por medio de visiones, imágenes y lenguaje figurado y no por razonamiento lógico. En ocasiones, presenta lo literal y lo simbólico en combinaciones intrigantes. Se resiste a ser tratado como un sistema de doctrinas de los tiempos finales. Juan no estuvo solo al escribir así; utilizó una clase de literatura conocida para transmitir su mensaje. Tales obras imaginativas son llamadas «apocalípticas» (en griego «revelar») porque afirman revelar una nueva visión de la realidad. A menudo, se escribieron durante épocas de gran tensión y persecución, y usaban nombres, números y descripciones simbólicos como «código» para que los lectores externos (particularmente los enemigos), sin la clave del código, no entendieran las implicaciones. La obra les parecería un lenguaje ambiguo o sin sentido.

El Antiguo Testamento contiene ejemplos de literatura apocalíptica en Daniel y Zacarías. El mensaje de Dios, por lo general, se presenta por medio de visiones, sueños o viajes a ámbitos cósmicos o espirituales. Estas revelaciones les dan a los videntes, soñadores, intérpretes y profetas mensajes de esperanza y salvación para el pueblo de Dios y mensajes de juicio para los enemigos de Dios. Los profetas están obligados a compartir sus mensajes con los demás, en particular el pueblo de Dios bajo persecución y en aflicción. Los lectores entienden que las promesas de esperanza no se cumplirán de inmediato; por lo general, se expresan como parte de un juicio venidero catastrófico en el que Dios destruirá a sus enemigos y dará dicha final a su pueblo. Mientras tanto, el pueblo de Dios debe permanecer fiel, perseverar ante el sufrimiento y comprender que Dios pronto lo salvará. Todas estas características encuentran expresión en Apocalipsis.

Como vidente o visionario, Juan también se refiere a su obra como «profecía» (1:3; 22:7); él no quiere decir que es profecía simplemente en un sentido predictivo, sino en el sentido del Antiguo Testamento de proclamar un mensaje de Dios que está dirigido a su pueblo. Las visiones proféticas de Juan enfatizan que la respuesta de Dios a los tiempos de aflicción no se concretará por completo hasta el final de la historia y en la eternidad venidera.

SIGNIFICADO Y MENSAJE

A lo largo de los siglos, intérpretes han discutido en cuanto al significado de Apocalipsis. Algunos han usado sus interpretaciones para clasificar como apóstatas o herejes a los cristianos que no comparten sus opiniones. Otros pasan meses y años buscando información en el libro sobre acontecimientos recientes y venideros. Los materiales de estudio que resultan tienden a interpretar que las visiones reflejan el mundo y la experiencia de las iglesias originales, ubicadas en el Imperio romano, a quienes se les escribió originalmente. Sin embargo, todo el drama y mensaje del libro revela grandes tesoros para animar en su fe a los creyentes de todas las épocas.

Apocalipsis representa la naturaleza severa del mal y enfatiza cómo Dios siempre está presente y activo para lograr sus propósitos en beneficio de su pueblo. Incluso el mal solo puede hacer lo que Dios permite (p. ej., 6:3-4, 7-8; 13:5-7). Jesús es «el Alfa y la Omega», el Señor de toda la historia desde el principio hasta el fin (1:8). En última instancia, los poderes del mal son fútiles. Satanás ya perdió la guerra; no puede hacer más que imitar y pervertir lo que Dios hace (12:12).

Apocalipsis deja claro que lo que se hace en la tierra tiene consecuencias eternas. Los siervos de Dios que sufren, en ocasiones, quizás se pregunten si Jesús tiene el poder para lograr el propósito de Dios (6:9-10). Sin embargo, a pesar de todo el mal en el mundo, Apocalipsis asegura a los lectores que el Cordero de Dios crucificado y resucitado es en verdad el poderoso León de la tribu de Judá (5:5-6). Es del todo digno de recibir nuestra alabanza porque está unido con el Dios eterno (5:12-14). Aunque los caminos del mundo resultan en guerra, violencia, desequilibrio económico y muerte, y aunque parezca que algunas personas se benefician al alinearse con el mal, esas cosas, a final de cuentas, cosecharán aflicción y condena (6:1-8; 13:15-17; 18:9-24). Quizás el pueblo de Dios sea perseguido y muera por su fe, pero, a final de cuentas, triunfará con Cristo porque ha sido marcado con el sello de Dios y se le ha concedido la túnica blanca de victoria (6:11; 7:4,9; 13:7; 14:1-3). Tendrá acceso a su morada celestial, alabará a Dios y al Cordero continuamente, y vivirá para siempre (7:10; 21:7; 22:5). Apocalipsis nos recuerda que la gran victoria sobre los poderes del mal ya se ganó en la cruz (5:5-6). El Armagedón es un acto desesperado de resistencia de un enemigo que ha sido derrotado. A Satanás se le permite matar a los santos, pero ellos ya lo conquistaron por medio de Cristo y su propio testimonio (12:11; 13:7).

El mensaje para los cristianos que sufren a manos de los siervos de Satanás no es de llorar ni de tener miedo, sino de soportar su sufrimiento con fidelidad (1:17-18; 5:5; 13:10). Con Dios, ellos prevalecerán (1:6-7; 11:17-18). La gente será juzgada por lo que hace y cómo actúa, y Dios bendecirá a quienes prestan atención a las palabras de este libro (1:3; 20:12; 22:7). Por lo tanto, el pueblo santo de Dios es llamado a perseverar y ser fiel para ser victorioso (2:7, 11, 17, 26; 3:5, 12, 21). Apocalipsis lo llama a obedecer a Dios, a mantener su testimonio, a soportar con paciencia y a permanecer atentos ante la persecución, sabiendo que los cobardes enfrentarán el castigo eterno junto con los malhechores (12:17; 13:10; 14:12; 16:15; 17:14; 21:8; 22:7).